JN102232

ブックレット
英語史概説

西原 哲雄 ［著］

BOOKLET
A History of the English Language

開拓社

まえがき

　本書は，英文学科，英米語学科，英語教育学科の専門学生やその他の学部・学科において言語学（英語学や日本語学を含む）を専門過程として履修する学生諸君を対象として書かれた英語史の入門書兼概説書である。半期での使用を前提としているので，各章のページ数は最小限にとどめられてはいるが，その内容は，英語の歴史に関わる基本的な概念や専門用語をわかりやすく説明すると同時に，英語史におけるさまざまな出来事を時代の変遷をたどる共に，できるだけ最新の研究成果も盛り込むことを目指している。

　もちろん，どの項目から読み始めていただいても結構であり，必ずしも最初から読み進める必要はなく，興味のある項目から，読み始めていただいても，十分にその内容を理解することができるように工夫したつもりである。

　本書を通して，我々が使用している人間の自然言語の1つで，今日世界での共通語となった，英語の歴史についてさまざまな観点から概観してもらえることを，筆者は心から願うものである。

　本書は2015年に出版された拙著に加筆・修正を行ったものである。最後に，本書の作成の際，快諾をしてくださった開拓社の川田賢氏に心から感謝し，ここに記して，特に御礼申し上げたい。

　　2020年10月末日

西原 哲雄

目　　次

第1章　英語史の始まり

1.1　英語史の歴史区分について

　本章では，英語の歴史，すなわち**英語史**について概説すること
にする。そこで，この英語の歴史を概観するにあたって，これら
の歴史を以下のような時代区分とするのが一般的である。

(1)　**古英語 (Old English: OE)**：700 年頃-1100 年頃（449
　　　年〜：ゲルマン民族の流入）

　　　中英語 (Middle English: ME)：1100 年頃-1500 年頃

　　　近代英語 (Modern English: Mod.E)：1500 年頃-1900
　　　年頃

　　　・**初期近代英語 (Early Modern English: E. Mod.E)**：
　　　　1500 年頃-1700 年頃

　　　・**後期近代英語 (Late Modern English: L. Mod.E)**：
　　　　1700 年頃-1900 年頃

　　　現代英語 (Present-Day English: Pres-D.E)：1900 年
　　　頃-現在

　古英語時代が，700年頃から始まる根拠は，英語（古英語）で書かれた文献が実際に確認できるのが，この時期であることに由来しており，中英語時代が，1100年頃からとなる根拠は，この頃にノルマン人（今のフランス人）によってイギリスが征服され，ノルマン人がイギリスの王となり，この頃から約300年間の間，イギリスではフランス語が公用語として用いられていたことなどから，この時期が中英語時代の始まりとなっている。

　さらに，中英語時代と近代英語時代の境を，1500年頃とする理由は，この頃に英語の発音で，母音に関する非常に大規模な変化である**大母音推移（Great Vowel Shift: GVS）**が生じている時期（1350年頃-1600年頃）であることに基づいている。

1.2　イギリスの先住民族

　現在のイギリスの中心であるブリテン島には，紀元前2000年頃にヨーロッパ大陸から**ケルト民族（Celtic）**がやってきた。紀元前600年頃までにイギリス全土はケルト化されていた。

　このイギリスの先住民族とされるケルト語を話す，ケルト民族の子孫は，今日では，スコットランド北西部やウェールズに残っている。したがって**ゲルマン人**に征服された後に，ケルト語を話す，ケルト民族は，スコットランド北西部やウェールズや北アイルランドに移動し，ケルト語系のスコットランド語，ウェールズ語，アイルランド語をその地域特有の英語と共に話すことになる。

(2) a. イングランド（ゲルマン人）：英語

    b. スコットランド（ケルト人）：スコットランド語，スコットランド英語

    c. ウェールズ（ケルト人）：ウェールズ語，ウェールズ英語

    d. 北アイルランド（ケルト人）：アイルランド語，アイルランド英語

1.3　ローマ人の襲来と征服

　紀元前55，56年の2回に渡ってローマ人である**ジュリアス・シーザー（Julius Caesar）**が英国を征服しようと試みた。しかし，彼はこの戦いで敗れ，紀元後43年に，クローディアス（Claudias）が4万の兵士を率いて再び侵略し，3年がかりでイギリスの中部・南東部（イングランド）を支配下に治めた。ローマ人の定住によってイギリスの町づくりが進み，ロンドンは南部の中心都市となり，その他の都市はローマ軍の駐留地となる。

　このローマ人の支配によって，イギリスにはローマ人の言語であるラテン語の一部が借用語として，以下のように英語に流入し，その数は数百にのぼった。

(3)　ラテン語からの借入語

    street, butter, dish, wine, angel, school, temple, candle, alter など

　このようなラテン語類は，単語そのものが借用された例であるが，ラテン語の構成に対応した複合語も生まれた。それは，現代

英語での複合語の gospel であり，これは，ラテン語の godspell
(<god (good) + spell (message)) に対応しているものである。

　しかし410年，ローマ軍は本国に引き揚げることになったが，
このローマ人支配の約350年間で，上流階級の人々は**ラテン語**
を日常語としていた。

1.4　ゲルマン民族による征服

　ローマ人が去った，イギリスには**ゲルマン民族大移動**（5世紀
後半〜6世紀）によってゲルマン人がヨーロッパ大陸からイギリ
スに定住し，これが英国民の始まりとなる。このゲルマン民族
は，主に現在のデンマークがあるユトランド半島からきた，
ジュート族（Jutes）や，**アングル族（Angles）**，**サクソン族
（Saxons）**，から構成されており，これらのそれぞれの民族がイ
ギリスに定住した。そして，3つの民族の総称となった，アング
ロ・サクソン族は，先に定住していたローマ民族よって築かれて
いたローマ文明に代わってサクソン文明を築いていった。彼らは
主に，イングランドを支配し，先住民族であるケルト人たちは，
ウェールズやスコットランドに追いやられた結果，これらの地域
にはケルト文化が色濃く残ることとなった。ローマの支配時に
は，キリスト教が普及しつつあったが，ゲルマン民族の侵入に
よって再び，イングランドは，ゲルマン的自然信仰の異教の土地
となった。そして，彼らは，7世紀の初めまでに，次のような**サ
クソン7王国（Heptarchy）**を建国した。

(4)　サクソン7王国 (Heptarchy)

  a.　ノーサンブリア (Northumbria)：アングル族が中心に構成

  b.　マーシア (Mercia)：アングル族が中心に構成

  c.　東アングル (East Anglia)：アングル族が中心に構成

  d.　ケント (Kent)：ジュート族が中心に構成

  e.　エセックス (Essex)：サクソン族が中心に構成

  f.　サセックス (Sussex)：サクソン族が中心に構成

  g.　ウエセックス (Wessex)：サクソン族が中心に構成

これらの王国で当初はケント王国（ケント方言が話された）が政治，経済，学問，文化の中心となったが，7世紀初めには，ノーサンブリア (Northumbria)，8世紀にはマーシア (Mercia) が中心となっていたが，9世紀には，これらの中心はウエセックス (Wessex) に移った。そして，古い時代の英語（7世紀頃から）の文献の大部分はこのウエセックスで持いられていたウエセックス方言の英語で書かれていた。そして，このウエセックスの王として登場したのが，かの有名な**アルフレッド大王（Alfred the Great: 848-899年）**であり，彼の統治のもと，アングロ・サクソン文明は大いに繁栄することとなった。

　イギリスの呼び名（国名）については，11世紀からは，Angle's land（アングロ人の土地）の意味である Engla (Angle's) + land に由来する **"England"**（イングランド）が用いられ始めた。

　ゲルマン人であり，イギリスに定住した彼らは，英語を母語とする民族であり，英語は**インド・ヨーロッパ祖語**を起源とするゲルマン語派の1つであった。その関係図は，以下ように図示さ

れることになる。

(5)

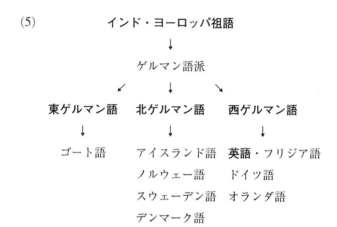

インド・ヨーロッパ祖語
↓
ゲルマン語派
↙　　↓　　↘
東ゲルマン語　北ゲルマン語　西ゲルマン語
↓　　　　　↓　　　　　　↓
ゴート語　　アイスランド語　**英語**・フリジア語
　　　　　ノルウェー語　　ドイツ語
　　　　　スウェーデン語　オランダ語
　　　　　デンマーク語

ただ，この樹系図で注意が必要なところは，北欧語とされる，スウェーデン語，ノルウェー語とならび取り扱われることが多い，**フィンランド語**である。このフィンランド語は地形的には北欧語と近く，北欧語とされることがあるが，分類される語派はゲルマン語族ではなく，**ウラル語族**である。このウラル語族に属する他のヨーロッパの言語として代表的なものとしては**ハンガリー語**である。このウラル語族は，一般的に，トルコ語やモンゴル語が属するアルタイ語族とまとめられ，**ウラル・アルタイ語族**とされることがある。また，この樹系図から，現代英語に最も類似している言語がオランダの北部で話されている**フリジア語**であるということにも，注目したい。

1.5 ヴァイキングの時代

8世紀には，第2次ゲルマン民族大移動が起こり，ノルウェー，スウェーデン，デンマーク地域からの北欧人（デーン人）たちが，英国諸島への侵入や略奪を繰り返すこととなった。

紀元後750〜1050年頃までの，この時代は**ヴァイキング時代 (Viking Age)** と呼ばれる。イギリス本土での，デーン人の勢力はしだいに増大していった。そして，イギリス本土では，デーン人たちが勢力を増大することとなった。この侵攻に対して，アングロ・サクソン族の王である，アルフレッド大王は，デーン人たちの侵略に必死に対抗した。

878年にデーン人たちのリーダーであるグスルム（Guthrum）との交渉で，**ウエドモー条約 (Wedmore Treaty)** を結び，ロンドン−チェスター間を結ぶ東側となるイングランドのほぼ半分をデーン人たちの領土とすることで彼らの侵略をなんとかして食い止めることができた。

1.6 古英語の方言と文学

古英語（OE）時代には，現在のように一定の標準語というものは存在しなかった。現在，今日まで残存している文献・作品はアルフレッド大王の頃のウエスト・サクソン方言で書かれているが，これは単なる，一方言でしかないものである。

11世紀ごろから，ヨーク（York），カンタベリー（Canterbury）などの都市に，標準語に近いものと考えられる，ウエスト・サクソン方言を借りた一種の共通の文章語が現れ初め，これは**ノルマ**

ン人の征服（**1066 年**）の頃まで続くことになった。印刷が始まる 15 世紀までは，作品は専門の書家（scribe: 通常は僧侶）によって，羊皮紙・牡牛皮紙に転写された。これを写本（manuscript）といい，原文と写本の間には，時間的な差があるのが普通であった。

　ゲルマン語（古英語）で書かれた代表的かつ，最大の叙事詩が，『**ベーオウルフ（Beowulf)**』であり，これの原文は 750 年頃に書かれたものとして推定されているが，現存するものは 1000 年頃のものである。この当時には主に次の 4 つの方言が存在した。

(6) a. ウエスト・サクソン方言（West saxon）
　　b. ノーサンブリア方言（Northumbrian）
　　c. マーシア方言（Mercian）
　　d. ケント方言（Kentish）

さらに，文学作品の 1 つとしては，アルフレッド大王の命令によって，『**アングロ・サクソン年代記（The Anglo-Saxon Chronicle)**』が，10 世紀半ばから，12 世紀半ばにかけて編纂された。しかし，後のノルマン人の征服（1066 年）によってこの作業は中止されることとなった。

　当時の英語の語彙と発音体系は現在のものと比較すると，かなり単純化されたものであった。例えば，発音・音韻面では，一部の例外を除けば，語頭の音節に強勢を置くのが，古英語やゲルマン語の特徴である。すなわち，ほとんどの単語が第一強勢を持つか，単音節語がほとんどを占めていたと考えられる。ところが，後に英語はフランス語やラテン語の語彙を借用し，強勢の位置も影響を受けることとなり，古英語のように単語が第一強勢だけを

持つというような単純な原則はあてはまらないこととなった。

1.7　古英語の借用語

　ゲルマン民族は，先住民族であるケルト民族よりも高度な文化を持っていたので，地名などの固有名詞を除くと借入語は 10 数語にとどまる。

  (7)　London, Leeds, York, Cornwall, York, Thames, Avon, Dover など

これらの例で，例えば，Thames は（ケルト語で「黒ずんだ川」の意味）であり，英語表現での，Thames river は，同じ意味が連続する奇妙な英語となってしまう。

　また，ラテン語の借入語については，高い文化を持つローマ人宣教師がもたらしたキリスト教とともに多くの語を借入した。

  (8)　a.　650 年頃まで

       mile, wall, inch, cheese, wine, kitchen, dish など

     b.　650 年頃から古英語末期まで

       alms, angel, candle, mass, priest, school, master など

8 世紀末から始まったバイキングの侵略とともに，**北欧語（Old Norse: ON）** からの借入語も，10 世紀から 11 世紀にかけて流入してきたが，13 世紀以降はほとんど見られなくなる。

　しかし，ここで注意しなければならないのは，英語と北欧語を

持つ２つ民族が接触した時に，これらの民族の間に征服者と被征服者というような関係ができたのではなく，共存し融合しただけでなく，彼らの言語は本来，ゲルマン語派という同じ語派に属し，比較的に類似していたということに注目しなければならない。

　品詞別にこれらの借入語を挙げると以下のような平易な英語の語を挙げることになる。なお，ここで述べる北欧語とは，現代における，英語とは姉妹言語にあたる，スウェーデン語，ノルウェー語，デンマーク語や，アイスランド語などを指す。

(9) a. 名　詞：bull, egg, guess, leg, race, root, score, seat, sister, steak, want, window など

　　b. 動詞：call, die, get, give, lift, take など

　　c. 形容詞：flat, ill, low, odd, weak など

先に挙げられた，諸例は英語を第２言語としている学習者たちの初期の段階で習得される語が多く含まれており，注目すべき点である。

　古英語と北欧語は，本来，まったく異なった言語ではなく，いわゆるゲルマン語族に属する姉妹言語である。例えば，現代英語において，綴り字が sk を含むような，skirt（「スカート」，sky, skin, skill）などは北欧語起源の語である一方，sh という綴り字を含むような，shirt（「シャツ」，(ship, shall, fish)）などは古英語起源の語であり，これらは共通の語源であるゲルマン語を持つ語であり，二重語（doublet）と言われるものである。

　また，この北欧語の借入では，語のそのものではなく，語の意味のみを借入するような例が存在した。古英語では dream（OE）

では本来の意味は「喜び（＝joy）」であったが，北欧語の「夢」という意味のみを借用して，現代語での dream（Mod.E）は「夢」を意味するようになった。

さらに，古英語の時代に使用されていた（英語の）語が，北欧語によってとって代わられるような例も存在し，nimān（OE）という古英語の（英語の）語は，現在では北欧語の take（ON）にとって代わられており，この語が本来，英語の語でないことを知っている英語の母語話者がいないのが現実である。

このように，英語では非常に多くの語が，借入語として受け入れているが，これは，北欧語に限ったものではなく，以下に見られるようにフランス語や，ラテン語などの他言語からの借用語が多数を占めているのが，現代英語の単語形成であると言える。

(10)　よく使用される英語 1000 語で：

古英語起源の語　　　　　　62%

フランス語からの借入語　　31%

その他の言語からの借入語　 4%

ラテン語からの借入語　　　 3%

1.8　英語のアルファベット

5 世紀頃に，イギリスに来たゲルマン民族は，紀元前 2 ～ 3 世紀頃に北イタリア地方で発達した，北イタリア文字やエトルスカン・ローマ文字といったような地中海世界の古代文字が起源と考えられている，28 文字から成る**ルーン文字（Rune）**を持っていた（「ルーン」は古英語（rūn）では「魔術，謎，神秘」を意味して

いた）。

　アイルランドから渡来したローマ人の修道士たちが学んだラテン語からラテン文字が使用されるようになった。6世紀に，キリスト教の布教が広がって，**ローマ・アルファベット（いわゆるローマ字）**がイギリスに持ち込まれることとなった。と同時にゲルマン民族は，ルーン文字ではなく，ローマ・アルファベットを使用するようになった。このアルファベットは，紀元前1500年頃のフェニキア人の**くさび文字・象形文字**が起源となっており，ギリシャ人のギリシャ文字を経てローマ・アルファベットが形成された（それゆえ，ギリシャ文字の最初 α（アルファ）と次の β（ベータ）をとった名称「アルファベット」が使用されている）。そして，古代アルファベットと言われる26文字からなるアルファベットが形成された。

　この時代のアルファベットは，現在，使用されているものとは，いくつかの点で異なっており，それらのうちのいくつかを以下に挙げてみることにする。

(11) a. j, w はまだ無かった。

　　b. v も u のとがった形としてたまに出てくる程度で，独立して存在していない。

　　c. k, q, x, z はめったに用いられることが無かった。

　　d. 当初は æ が存在したが，現代では無くなり，発音記号として使用されている。ただ，アイスランド語においては，現在でもアルファベットとして使用されている。

　　e. θ というギリシャ文字は，現在のローマ・アルファ

ベットでは対応する文字がないので（ただし当初は"thorn"（ソーン）と呼ばれる θ に対応するアルファベットはあったが消失した），th という綴り字で対応がなされている。

　また，現在のローマ・アルファベットに含まれるうちで，j, q, v, w, g はノルマン人の征服（1066 年）の後に，ノルマン人の書家たち（scribe）によって導入されたものである。

　このノルマン人の征服（1066 年）の後には，フランス人の綴り字体系が英語に影響した。例えば，/u:/ の音を表す綴り字に ou が用いられたのが，その一例であり，現在の単語の house は古英語期の綴り字は hus [hu:s] であったが，フランス語綴り字体系を取り入れて，hous なり，現在の house へと変化したのであった。

　印刷が発達する 16 世紀以降，綴り字法の安定化とともに，アルファベットは固定化に向かうこととなった。が，17 世紀頃までは一部にまだ揺れが，以下のように見られた。

(12) a.　綴り字 u と v の区別が無かった（17 世紀）

　　　　v：語頭で持ちられる {**v**nder, **v**ain}

　　　　u：語頭以外の位置 {sa**u**e}

　　b.　綴り字 i と j の区別も無かった（17 世紀まで）

　　　　iealous（= **j**ealous）

　今日のアルファベットは 18 世紀になって完成したものである。また，このアルファベットの固定化に拍車をかけたのが，近代英語期に出版された **2 巻本の『ジョンソンの辞書』**（**Samuel John-**

son (1709-1784)『**A Dictionary of the English Language (1755 年)**』）による影響が大きく，この辞書は 7 年の歳月をかけ，4 万語の見出し語と 11 万 4 千におよぶ引用文が掲載された，初めての本格的でかつ学術的な英語辞典であった。

また，この『ジョンソンの辞典』の歴史的意義は大きく，まず第一には，従来のいかなる辞書よりも十分に英語の標準的な語彙を収録したこと，第二に，語彙の意義，用法などを文学作品からの引用によって例証していること，そして最後には，正書法の基準を与えることによって綴り字の固定化を助けたことが挙げられる。ただ，この当時の文法はまだ，**規範文法 (Prescriptive Grammar)** であり，言語のありのままの姿を科学的に観察しようとした**記述文法 (Descriptive Grammar)** はまだ登場していなかったので，規範（規則）に基づいた規範文法が文法体系の基本であり，規範（規則）に従わない文構造などは，批判の対象となった。

1.9 キリスト教とイギリス

古英語（OE）の 7 世紀以前に，ローマ人によってキリスト教はイギリスにもたらせられていたが，異教徒であるゲルマン人の侵入によって，それは一時中断されることとなった。

6 世紀に再び，キリスト教の布教が始まり，597 年に**聖オーガスティン (St. Augustine)** が 40 人の僧侶とともにローマからケントに派遣され，カンタベリー（Canterbury）に布教の本部を置き，640 年頃までにケント王国はキリスト教化された。これらはブリテン島本土の南部のイングランドから流入しており，**ローマ**

ン・キリスト教と呼ばれた。

　一方，432 年，聖パトリック (**St. Patrick**) によって，アイル
ランドにキリスト教がもたらされ，563 年に聖コロンバ (St. Co-
lumba) によってスコットランド西岸沖のアイオナ島 (Iona) に
も伝えられ，さらにスコットランドの本土にも伝えられた。この
ように，北部のアイルランドやスコットランドから流入したの
で，これはケルト・キリスト教と呼ばれた。

　上記のように，2 派のキリスト教がイギリスに流入したが，そ
の正当性は，664 年に開かれたウィトビー (**Whitby**) の会議で
の結果，前者であるローマン・キリスト教が正式に採用された。
このころ，ほぼイギリスはキリスト教化されていた。

　しかしながら，8 世紀頃のデーン人の侵略によって，キリスト
教の教会の布教活動は 10 世紀頃まで阻害されることとなった。
が，アルフレッド大王 (**Alfred the Great: 848-899**) の登場に
よってキリスト教の再興に努力は払われ，デーン人も次第にキリ
スト教化されていった。この結果，アングロ・サクソン民族と北
欧民族（デーン人）との融合はいっそう容易なものとなったので
あった。

　最後に，スラブ系の国家によって主に形成されている東欧諸国
では，ローマン・アルファベットの使用に基づく，カトリック諸
国文化圏と，キリル文字（ロシア文字）に基づく東方教会諸国圏
の 2 派に分離されており，前者は，ポーランド，チェコ，スロ
バキアなどであり，後者は，ロシア，ベラルーシ，ブルガリアな
どが挙げられる。

第2章 中英語期の始まり

2.1 中英語概説

　1066年に，**ノルマン人の征服（ノルマン・コンクェスト（Norman Conquest)）** によって，それまではゲルマン民族の社会であったイギリスはロマンス社会へと変革した。ここで言うノルマン人とは，フランス北部のノルマンディー地方に定住し，フランス語を話す人々のことであり，ノルマン人の語源は，North＋man（北の人）という意味に由来している。

　ノルマン人の征服とは，**王位継承戦争（ヘイスティング戦い：Hastings)** で勝利した，ノルマン人である**ノルマンディー公ウィリアム（William, Duke of Normandy)** がイギリスの王位を継いだことを指す。フランス人の王が誕生したことで，イギリスの公用語はフランス語へと変化していった。

　イギリスの宮廷，すなわち上流・支配階級のフランス人たちはフランス語を，公用語として法廷や議会などで用いることになった。そして，被支配階級となった身分の低いイギリス人の農民たちは英語を使い続けた。

このようにして，イギリスにおいて独自の発達をとげていった
フランス語は**アングロ・フレンチ (Anglo-French)** と呼ばれる
フランス語のことを指す。一方，大陸において話されていたフラ
ンス語も，北部のノルマンディー地方で話されていたフランス語
であるノルマンディー地方のフランス語である**ノルマン・フレン
チ (Norman French: NF)** と，大陸での標準語であり，パリ周
辺などの中心地などで話されていた，**大陸の標準フランス語
(Central French: CF)** の2つのフランス語が話されていた。大
陸での2つのフランス語の違いで，簡単な発音の違いを挙げる
と，以下のようなものがある。

(1) a.　Norman French (NF)：[ch]air → [ʧ]
　　 b.　Central French (CF)：[ch]ampagne → [ʃ]

そして，1337年～1455年にかけて起きたイギリス・フランス
の間で起きたいわゆる**百年戦争 (Hundred Years War)** では，
フランス語が敵国語となったことなどから，**エドワード2世
(Edward II)** の統治時代である1362年，**ウエストミンスター
(Westminster)** で招集されたイギリス議会の大法官による開会
宣言が初めて英語で行われ，同じ年，法廷での訴訟などの用語も
英語で行われるべきだという法令が発布され，それ以後，英語が
公用語としての地位を得たのであった。ただ，言語的に保守性の
強い上流社会や法律，大学などの知的社会では，しばらくの間，
なおフランス語が用いられていたのも事実である。

1456年にドイツのマインツで**グーテンベルク (Johannes
Gutenberg: 1398頃-1468)** によって**活版印刷技術**が発明される。
そして，ケント州生まれのイギリス人の**キャクストン (William**

18

Caxton: 1422-1491) によってイギリスにもこの活版印刷技術が
もたらされ，ウエストミンスターに印刷所を開設し，英語の文献
（書物）の印刷が開始される。印刷機は同じ書籍を大量に印刷す
ることができ，彼が，彼の時代の英語であるロンドンの中英語を
使用して，ロンドンの中英語を普及させた。そして，このように
して始まった印刷技術の発達に伴い（印刷をする時に綴り字が複
数存在すると印刷業者が綴り字を決定できずに困ることになる
が）綴り字は，複数存在したが，印刷によって，当時の英語の綴
り字の固定化が急速に進むこととなった。さらに，先に述べた近
代英語辞書の基礎であり，初の本格的な英語辞書である**2巻本
の『ジョンソンの辞書』(Samuel Johnson (1709-1784)『A
Dictionary of the English Language (1755年)』**）による綴り
字固定化への影響も大きかった。さらに，この頃，以下のような
世界的な有名大学が開学した。

(2) a. 1162年：Oxford University（オックスフォード大学）

b. 1269年：Cambridge University（ケンブリッジ大学）

c. 1583年：Edinburgh University（エジンバラ大学）

ただ，1583年以降，1863年にLondon University（ロンドン大学）
が創設されるまで，新たな大学は作られなかった。
　この中英語時代には，イングランドでは，以下に見られるよう
な5つの方言が存在したと考えられている。

(3) a. Northern（北部方言）

b. East Midland（東中部方言）

c. West Midland（西中部方言）

d.　Southwestern（南西部方言）

e.　Southeastern（南東部方言）

当時すでに，商業や文化の中心となっていたロンドンにおいて，**ジェフリー・チョーサー (Geoffrey Chaucer: 1340?–1400)** がフランス語ではなく，英語で文学作品を執筆したことは，大いに注目するべき点であった。また，彼の英語は 14 世紀におけるロンドン周辺で話されていた英語であった。彼は自分の詩を宮廷などで朗読して読み聞かせをしており，さらに，詩の形式を整備したことから「**英詩の父 (The Father of English Poetry)**」とも呼ばれた。彼の残した作品で，最も代表的なものとしては，『**カンタベリー物語 (The Canterbury Tales)**』があり，これは多くの登場人物の描写が客観的かつ具体的であるという斬新な作品であった（ちなみに，「canter：馬の駆け足（で走る）」という単語は，Canterbury という単語から派生したものである）。

　このフランス人の支配下であった中英語期には，イギリスではフランス語が使用されていたので，多量のフランス語の語彙が英語（イギリス）に流入した。これは，フランス語を話していた一部の上流階級の人々が英語を話すようになったからである。以下に英語に流入したフランス語の一部を挙げることにする。

　(4)　フランス語から英語に流入した借用語：
　　　government, tax, judge, justice, army, dinner,
　　　salad, mansion など

また，食べ物に関わる語彙においては，フランス語と英語においてその使用に分化が起きた。具体的には，食事で食卓にあがる料

理名にはフランス語が使用されることが多く，料理される以前の動物の名称には英語が用いられることになり，以下のような区別が起きた。

(5)　　　　　　〈英語〉　　　〈フランス語〉
　牛（牛肉）　cow　　　　beef
　豚（豚肉）　swine　　　pork
　羊（羊肉）　sheep　　　mutton（lamb）

　今里（2015）によれば，ラテン語やフランス語の流入以降，英語の単語は素朴なゲルマン語系の本来語を中心として，抽象的で洗練された高尚なイメージをもったラテン語やフランス語の借入語により階層化が構築された。Baugh and Cable（1993）では，「通俗的」，「文語的」，「学問的」というような**3層構造化**が成立しているとして，次のような類義語を挙げている。

(6)　　　　〈上昇する〉〈質問する〉〈善，美徳，正直〉
　学問的　ascend　　interrogate　probity（ラテン語由来）
　文語的　mount　　question　　virtue（フランス語由来）
　通俗的　rise　　　ask　　　　goodness（本来語）

（今里（2015））

このようにして英語という言語の単語の構造は，本来語と外来借入語が混在しており，語彙の構造面からみるとゲルマン語系の本来語とラテン語・フランス語からの借入語から成り立っている，いわゆる「**ハイブリット構造**」をしているものと考えられる。

　実際，現代英語の語彙構造でも，中心的な役割をする語は，本来語であるが，数字的にはラテン語・フランス語を中心とする外

来語借用語がかなり多い。外来語借用語のほとんどが，ラテン語に由来しており，フランス語を経由して英語に借用されている。また，これら以外にも，学術分野や科学技術の発展に伴って，ラテン語以外に，ギリシャ語を起源とする学術的専門用語なども，英語語彙の中において数多く作り出されている。

　　ジェフリー・チョーサー (Geoffrey Chaucer: 1340?-1400) が登場してしばらくした後の，15 世紀には，学校教育が重視され，Eton などの**パブリックスクール**（この学校は全寮制で裕福な家庭の子供たちが通う私立学校のこと）が創立された。そして，この時期には，ことばとしてのフランス語ははとんど姿を消してしまい，完全な教養的な言語となってしまった。

　　音韻史上の大事件であり，後に詳細に述べることとなる，中英語と近代英語を明白に区別化する**大母音推移 (Great Vowel Shift: GVS)** がすでに 14 世紀後半ごろから始まり，綴り字の固定化が進む一方で，発音は大きく変化したので発音と綴り字の対応関係は大きくずれることとなった。

2.2　中英語の文法

　　古英語の時代は，名詞の屈折語尾が重要な役割をしており，これによって文の主語や目的語は示されていたので，**文の語順は固定化されていなかった (SOV or OVS)**。

　　しかし，この中英語期の，文法では，主語や目的語であることを示していた名詞の**語尾屈折（語尾変化）**が消失し始めてきた。その結果，語順が重要な働きをするようになり，動詞の前は，主語であることを示し，動詞の後ろは目的語であることを表すよう

になった。さらに，同時に（目的語であることを示すために）**前置詞も発達した。** そこで，中英語期の文法について，その他の特徴も含めてまとめると以下のように示すことができる。

(7) a. **語尾変化の消失（単純化）**
    b. **文の語順の固定化（SVO）**
    c. **機能語（前置詞，助動詞など）の出現，発達**

　上記の変化で，文の語順の固定化では，同様に生じた語尾変化の消失が関わっている。以下に見るように，**古英語では文の主語や目的語はそれぞれの語末の屈折語尾によって語順が定まっていなかった。**

(8)　cyning＝王様は（主格）　beran＝熊を（目的格）
    a. Se cyning sloh þone beran.
    b. Þone beran sloh se cyning.
       （＝The king killed the bear.）
(9)　cyning＝王様を（目的格）　bera＝熊は（主格）
    a. Se bera sloh þone cyning.
    b. Þone cyning sloh se bera.
       （＝The bear killed the king.）

(8) では，**主格が cyning で，目的格が beran** であるので，これらの単語がどこの位置にあっても，文構造の意味は変わらず「王様が熊を殺した」と言う意味なる。一方，(9) では，**目的格が cyning で，主格が bera** であり，これらの単語もまた，どこの位置にあっても，「熊が王様を殺した」という文の意味になり，**屈折語尾**が重要な役割をはたしており，語順は二次的なもので

あった。それゆえ，語尾変化の違いが存在する以上，語順の固定
化は必要がなかった。しかしながら，徐々に，この**語尾屈折が消
失**し，単純化されることによって，主語や目的語を確定するため
には，語順の確定化が必要とされるようになったのであった。

　イェスペルセンは，SVO の語順の占める割合を調査して，9
世紀頃のウエセックスのアルフレッド王の散文においては，その
割合が 40% であったが，それからおよそ 1 世紀後の 19 世紀の
代表的な作家の作品中では，82 〜 97% という高い割合を示して
おり，「**非常に大きな規則性**」が増加したと指摘している。それ
ゆえ，現代英語においての語順というものが統語上（文法上）で
有意味であることは明白である。

　主語や目的語の語順の固定化は，主語と目的語の違いをより明
確にするために目的語であることを明示する前置詞が発達するこ
ととなり，また，動詞と主語を入れ替えて構築していた疑問文
（V + S）なども，**迂言法である助動詞の do の登場**（Do + S + V）
への変化が生じたのであった。ただ，この固定化の傾向は，散文
と韻文では若干，異なっていた。というのも，韻文においては脚
韻をそろえるために，文の意味が不明瞭にならない範囲において
語順は散文より変動していたが，やがて S + V の結びつきは強
力となり，S + V への限定化が進んだのであった。

　さらに，文の語順の固定化については，音韻論で用いられる代
表的な制約である **OCP（Obligatory Contour Principle: 必異
原則）**によってうまく説明ができる。OCP では同一の要素の連
続を阻止する以下のような原則である。（* は不適格であること
を示す）

(10)　OCP: * [α　α]

例えば，母音の変化が変化する英語の不規則動詞は，規則変化では語末の -ed の付加によって次に見られるような子音の連続を避けるためであると説明することが可能である。

(11) a.　get―got (get-ed [*tt])

　　　 b.　forget―forgot (forget-ed [*tt])

　　　 c.　write―wrote (write-ed [*tt])

また，この原則によれば，古英語での基本的語順が SOV であるのに対して，英語を含む現代の諸言語の基本語順は SVO である。しかしながら，**言語における普遍的な基本語順は SOV** と考えられているので，英語では語順が SOV から SVO に変化したことになる。そこで，この変化を OCP によって説明すると，古英語での基本的語順が SOV では，S や O は名詞句であり，人間であることが多くこれを意味素性にすると **[+human] ([+H])** という形で表示され，以下に挙げるような構造が認められ，その構造に OCP が適用され，O は V を飛び越えて，V の左側に後置されることとなる。

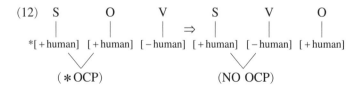

ただ，日本語などで，SOV の基本語順が維持されているが，このような言語類では OCP が**最適性理論**における，制約として下

位に配置されているためにこの制約を受けずに，SOV が現代語においても守られていると考えられ，一方英語などの諸言語では OCP が上位の制約として配置されていることで，強力に作用し，歴史的な語順の変化が見られることになる。

このようにして，OCP という原則を**最適性理論 (Optimality Theory)** における制約に置き変えて，最適性理論の制約の観点から分析することも可能である。最適性理論は，Prince and Smolensky (1993) 及び，McCarthy and Prince (1993) などによって提唱されている文法理論であり，規則による派生を認めないという点において，生成文法とは大きく異なるものである。最適性理論においては，**普遍文法 (Universal Grammar)** にある入力（基底表示）に対して，その出力（表層表示）となることのできる複数の候補を与えるものである。そして，普遍文法は出力の適格性を規定する適格性制約の集合（**有標性制約 (Markedness Constraints)** と**照合性制約 (Faithfulness Constraints)**）を提示している。これらの制約はすべて普遍的なもので，個別言語的な制約は基本的に考えない。しかし，制約には優先順位に関して**序列 (Ranking)** が存在し，個別文法は制約を個別言語的な制約階層に序列化する。すなわち，言語間，方言間の相違は制約の序列の違いによって説明されることになる。しかしながら，それぞれの制約は相互に**矛盾・対立**しているので，それぞれの出力候補は少なくとも 1 つの制約には違反していることになる。これが，最適化理論のもう 1 つの特徴である違反可能性 (Violability) である。これは，「制約の違反は許される。しかし，違反は最小でなければならない。」というものである。より高い階層にある制約の違反ほど，違反の程度が大きいとみなされ，違反の数は問題

にされない。

これらの最適性理論の枠組みによって，古英語からの語順の変化を説明しようとすると，以下に挙げられるような制約，有標性制約（Markedness Constraints）と 照合性制約（Faithfulness Constraints）が規定，提案されることになる。

(13) a. OCP（[＋Human: H]）：名詞（[＋Human: ＋H]）の素性が連続してはならない。

　　 b. Faith（fulness）：入力と出力は同じでなければならない。

これらの2つの制約の序列化の違いによって，古英語から現代英語での語順の変化と，現代英語と日本語との語順の違いが的確に説明することが可能である。

(14) a. 古英語から現代英語

SOV\<input>	OCP(＋H)	>>	Faith
SOV	*!		
☞SVO			*

　　 b. 日本語（古英語期）

SOV\<input>	Faith	>>	OCP(＋H)
☞SOV			*
SOV	*!		

また，語順の固定化に伴う，屈折接辞の単純化及び消失にも焦点をあてなければならない。Los（2015）によれば，屈折接辞は，**inherent inflection（膠着屈折接辞）**と **contextual inflection（文脈的屈折接辞）**に分けることができ，前者は，その語自身が所有

している屈折接辞であり，名詞の複数形の -s，形容詞の比較級・最上級の -er, -est などが挙げられる。一方，後者は，文の構造に関わる3単現の -s や，名詞の語尾が持つ格（主格・目的格など）が挙げられる。Los（2015）は，これらのうちで，前者の名詞の複数形の -s，形容詞の比較級・最上級の -er, -est などは，現代英語でも保持される傾向にあるが，**名詞の持つ格などの後者は，代名詞の格を除いて，消失する傾向にあると指摘している。**

　さらに，Los（2015）にしたがえば，名詞の持つ「数」については，現代英語では名詞の語尾に複数を示す屈折語尾 -s を付加することで，単数形と複数形の区別が行われていると指摘されている。ただ，いくつかの名詞については英語の初期に用いられた遺産的複数を持つ，mouse / mice，man / men，foot / feet などで見られる例を除いては，**先に述べたように現代英語では屈折語尾 -s を付加することが生産性が高く，**英語に取り入れられ，現れる新しい語の複数形も，屈折語尾 -s を付加することで生成されると述べられている。

　中英語期にはノルマン人征服以来，フランス語やラテン語からの多くの単語が流入したことで，単語の強勢付与にも大きな影響が起きたのであった。英語はゲルマン語に属していたので，**ゲルマン語強勢規則（Germanic Stress Rule: GSR）**によって基本的には単語の第1音節に強勢が付与されたが，上記で述べた，フランス語やラテン語の流入によって，**ロマンス語強勢規則（Romance Stress Rule: RSR）**にとって代わられ，強勢付与が行われることとなった。

　また，後期中英語期には，英語や姉妹言語のゲルマン語に見られる**存在構文（there 構文）**や**虚辞の it** を用いた構文が，出現が

増大してきた。この構文は古英語期からあったものであるが，この時期から急激に増加している。英語以外の存在構文をもつ言語としては，ドイツ語，アイスランド語，フランス語なども挙げることができる。このように存在構文で，there や it を使用する言語に共通する特徴は**動詞が文頭から 2 番目の位置**に起こるという**動詞第 2 位制約（Verb Second）**の制約を持っている。スペイン語や日本語のように主語を落とすことができる言語とは異なり，英語，ドイツ語のゲルマン語系やフランス語などは，文を構成する際に，必ず主語を必要とする言語は，動詞第 2 位言語である。このように，主語が義務的である言語は，存在構文によって用いられる，**there や it のような虚辞は，動詞第 2 位制約を満たすために発達していったと考えられる**。そして，主語の位置におかれた there が発達してゆき，現在ではこの there は主語の役割を持った名詞として機能するようになった。したがって，there 構文では主語である名詞の there の前に be 動詞が文頭に移動することで疑問文が作成されることとなる。

　また，SVO の語順が固定化してゆく段階で，there が主語の位置を占めることで，そのために it を用いた存在構文は消滅することとなった。

(15) a. [There] **is** a book on the table.

→ Is [there] a book on the table?

b. [It] **is** fine today.

c. I **think** that he is rich.

d. He **ran** in the park.

第3章　近代英語の始まり

3.1　近代英語とは

　近代英語期の始まりは，**ヘンリー8世（Henry VIII）**が離婚・再婚問題によって，強皇クレメント7世（Clement VII）と対立，ローマ・カトリック教会と絶縁して，イギリス国王を首長とする**英国国教会（The Church of England）**が設立された時代であり，また，かの世界的に有名な作家である**ウィリアム・シェイクスピア（William Shakeaspeare: 1564-1616）**が活躍した時代でもある。彼は，四大悲劇と言われる『ハムレット』，『マクベス』，『オセロ』，『リア王』，をはじめ，『ロミオとジュリエット』，『ベニスの商人』，『真夏の夜の夢』などのさまざまな素晴らしい作品を輩出した世界的にも有名な劇作家となった（ちなみに，同時代のイギリスの詩人である**ジョン・ミルトン（John Milton: 1608-1678）**はシェイクスピアが英語で作品を書いたのとは異なり，当時，教養人であることを示すラテン語を用いて多くの作品を残していた）。

　また，彼は上記で述べた優れた文学作品を多数，輩出しただけ

でなく，彼の作品は語学（言語学的）にも注目すべき点を含んだものであった。例えば，単語の品詞を何の形態的操作もなく変更する**転換 (Conversion)** である，名詞から動詞へ転換させる操作は，シェイクスピアの作品で多く見つけられている。OED (Oxford English Dictionary) の初出例が 1508 年から 1619 年の 20 年間に分布する転換の語の数は 1275 語に上るが，そのうち約 1 割以上を占める 175 語はシェイクスピアの作品で初出となっていることは言語学的研究の観点から重要な点である。

さらに，シェイクスピアの署名というものに関する研究も盛んであり，それは，彼の存在自身が非常にミステリアスであり，明らかに彼の署名ではないと分かる贋作を含めると 200 以上もの署名が存在するが，多くの学者がシェイクスピアの自筆の署名と承認しているものは 6 つ程度にすぎないということや，シェイクスピアと同時代の**フランシス・ベーコン (Francis Bacon: 1561-1626)** がシェイクスピアと同一人物であると言う（例えば，シェイクスピアとベーコンが共に使用した語彙の使用比率を比べた結果が類似していることに基づく），「**シェイクスピア・ベーコン論争**」と言われる議論などが存在することは，非常に興味深いことである。

3.2 発音をめぐる論争について

三川（2008）によれば，18 世紀には地方方言の地位が急落した。その内容は書き言葉の基準の規定が決められ，文章に関しては「正しく書くべきだ」という圧力が急速に広まり，高まっていったという関係が存在した。すなわち，方言はすでに，まじめ

な書き言葉には用いられることはなくなり，わずかに文学作品の中にのみ現れるだけのものとなっていた。

　この18世紀に，「**発音取り締まり集団**」なるものが，**トマス・シェリダン**というアイルランド出身の男によって結成された。彼は，俳優兼劇場支配人としてロンドンにいた。1750年，民衆に話し方を教えるという仕事が成立すると考え，それを実際に行った。

　シェリダンが最初に自ら出版した著作が『**英国の教育 (British Education)**』であり，これはジョンソンの辞書が刊行されたすぐ後の，1756年のことであった。しかも，この著書のタイトルは「話し方」でも「発音」でもなく「教育」という言葉が使用され，シェリダンは明確に確信をつくタイトルを用いたのであった。すなわち，「最高（正しい）の話し方」を求めるなら，彼の本によって提案されている教育を受けなければならないと主張していたのであった。実際，シェリダンはこの本によってイギリス人たちを教育したのであった。

　1757年に，シェリダンは，「話し方」に関する講演を，ダブリン，エディンバラ，オックスフォード，ケンブリッジ，ロンドンで行った。それらの講演には，おおぜいの聴衆が集まり，それらの中には，社会的に影響力を持つように人物たちも多数いたのであった。このような階層の人々の中には，彼に個人指導を依頼する者たちもいた。

　シェリダンの指導方法は，整然としており，これらの人々にも歓迎されたのであった。その指導方法では，英語で使用されている音素の数を確定したり，二重母音と音節のタイプを明確にするとともに，さらには英語の単語の強勢の機能についても研究成果

を出していた。

　上記のような状況下では，2つの考え方が出現することとなった。

　1750年頃までは，ロンドンの宮廷の貴族たちの英語はほかの話し方の英語よりは上位の地位にあると見なされてはいたが，上下の関係を問わず，どの階級に属した話し手でも，他の地方の方言や外国語なまりを交えて話をしたとしても，そのことによって，社会的な不利益を受けるようなことはなかった。シェリダンの話を熱心に聞いていたイギリスの教育のある中流階級の人々は上昇志向を持っており，彼らは言葉と行為によってイギリスと英語を世界中に広めようとしていた。この中流階級の人々は，イギリスにおいて非常に強力な影響力を持った階級であり，**古代のローマ帝国やギリシャをも超えるような世界的な大国家を建設し**ようと，世界中を駆け巡ろうとしていたのであった。シェリダンの考え方は，このような思想にうまく応えることとなった。

　そして，2つ目の考え方としては，自分たちの言葉使いを捨てて，シェリダンに従うように勧めることであり，この主張は以下のようなものであった。「このようにすることで，同じ国王に従える臣民同士の深い溝を埋めることが可能となるのではないでしょうか。表現においても，発音においても純粋な英語を修得することで，国王のおさめる世に生きる者たちすべてが，安心して暮らせるようになるのではないでしょうか」このように，シェリダンは非常に，気高い主張を民衆に提示したのであった。

3.3　英語の音声学・音韻論と英語の文法

　おおよそ200年前までは，英語，ラテン語，ギリシャ語など
の諸言語間の各関係はまだ知られていなかった。これらの言語間
の関係を明らかにしたのが，インド駐在中の専門の言語学者でな
かった**ウィリアム・ジョーンズ卿 (Sir William Jones: 1746-
94)** であった。彼は，サンスクリット語，ギリシャ語，ラテン
語，ペルシャ語，ゴート語，ケルト語の間に高い類似性があるこ
とを指摘した。彼によって，上記の諸言語が**インド・ヨーロッパ
祖語 (Proto-Indo-European: PIE)** と称する共通の源である言
語が再建された。

　また，その下位区分として，英語，ドイツ語，オランダ語，ス
ウェーデン語などを含む**ゲルマン祖語 (Proto-Germanic: PGmc)**
という区分も含まれていた。

　そして，ドイツ人言語学者である，**ヤコブ・グリム (Jacob
Grimm: 1785–1863)** が，1822年にゲルマン語と他のインド・
ヨーロッパ諸言語の間に明確な関係がある発表し，ゲルマン語の
子音と他の諸言語の子音の間に一定の対応関係が存在すると述
べ，これは**グリムの法則 (Grimm's Law)** とよばれた。しかし，
この法則は，実際にはデンマーク人言語学者である**ラスク (Rask,
Rasmus: 1787–1832)** によってすでに発見されていたが，彼は
詳細な分析や例外の取り扱いなどついて時間を費やしていたの
で，発表の時期を逸した結果，グリムが先に，発表したのであっ
た。この法則は，具体的には，以下のようにインド・ヨーロッパ
諸言語（ラテン語）の {[p], [t], [k]} はゲルマン語（英語）の {[f],
[θ], [h]} に対応すること指摘した。

(1) グリムの法則 (Grimm's Law)

インド・ヨーロッパ言語	ゲルマン語	
(ラテン語)	(英語)	
pater [p]	**f**ather [f]	([p]—[f])
tres [t]	**th**ree [θ]	([t]—[θ])
centum [k]	**h**undred [h]	([k]—[h])

語頭や語末での，（[t]―[θ]）の対応は，一見対応関係に問題があるとは見られないが，語中では上記の表から見ると，pater の [t] は対応する father の語中では th は有声音（[ð]）に対応しており，この例はグリムの法則の例外である考えられた。

　しかし，この語中の無声閉鎖音が有声の摩擦音に対応するという事実は，語の強勢の位置という観点から解決され，ラテン語の patér のように無声閉鎖音の直前の母音に強勢がないような場合，ゲルマン語では有声摩擦音が起こると説明された。この事実はその発見者の名前から**ベルネルの法則 (Verner's law)** と呼ばれた。

(2) ベルネルの法則 (Verner's Law) （太字 **V** は強勢を示す）

インド・ヨーロッパ言語	ゲルマン語
(ラテン語)	(英語)
CV [t] **V**C （語中：patér)	CV [ð] **V**C
[t] **V**C （語頭：trés)	[θ] **V**C

　16 世紀には，**正音韻論者 (Orthoepist)** の先駆とみなされるような人々が現れてきた。正音韻論者とは，**正音論 (Orthoepy)** の研究者であるが，正音論とは本来，自国語をいかに発音することが「正しい」のかを示すことを目的とする研究であったので，

それゆえ当時の標準的発音を決定し，記述しようとしていたのであった。正音論者として代表的な人物としては，**ジョン・ウォーカー (John Walker: 1732-1807)** を挙げることができる。彼の「**Critical Pronouncing Dictionary and Expositor of the English Language (1791)**」は彼の主著と見なされ，学術的な価値においてとても優れており，19世紀後半までに，増訂版，簡約版等は総計で40版にも及んだのであった。18世紀に，イギリス英語において，bar, bard, card などに見られる語末の [r] が消失していることを最初に注意したイギリス人はウォーカーであったということも注目すべき点であろう。

　中英語期後半から，初期の近代英語期にかけて（1350年頃〜1600年頃）にかけて，英語史にとって，非常に大きな影響をもたらす音声（音韻）変化が生じた。それは，当時の英語の長母音（短母音は対象外）のすべての調音位置が口腔内の低い位置から高い位置に移動した現象が生じ，この現象は**大母音推移 (Great Vowel Shift: GVS)** と呼ばれた。

(3)　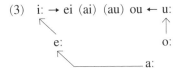

先に見た図のように，すべて長母音の位置が移動したことから次にみられるような音声変化が生じることとなり，古英語の時代の発音のとは異なり綴り字と発音の関係性が崩れる結果となった。

(4)　a.　[eː] → [iː]: see (sea)
　　　b.　[iː] → [ai]: find, child

    c.   [oː] → [uː]: noon, cool

    d.   [uː] → [au]: hus (OE) → house, now

    e.   [aː] → [ei]: name

    f.   [eː] → [ei]: great

    参考：threat [θret] → [θret]

上記で見られるようにすべての長母音の大規模な変化が生じたのであったが，さきにも述べたようにこのおおきな変化は残念ながら短母音に関してはこのような現象は起きなかった。great で ea の部分は長母音だったので，大母音推移によって二重母音化が起きているが，現代の **threat [θret]** という語では，ea の部分で，二重母音化が起きていないが，これは当時のこの単語の **ea の部分が単母音**であったために，この語では大母音推移による [ei] という二重母音化が起きなかったと説明できる。

　さらに，先に述べた大母音推移における発音の変化を時代別に分かりやすく表記すると以下のようになる。

(5)   Chauser   Shakespeare   現代の発音   現代の綴り字
        の発音   の発音

	Chauser の発音	Shakespeare の発音	現代の発音	現代の綴り字
a.	[liːf]	[leif]	[laif]	life
b.	[deːd]	[diːd]	[diːd]	deed
c.	[moːn]	[muːn]	[muːn]	moon
d.	[huːs]	[hous]	[haus]	house

このような大母音推移が起こった原因については，この現象が起きる前の中英語期の母音組織は，一見，見事に調和のとれている体系のように思われるが，自律的音素表示レベルに基づく中英語

期の母音体系はかなりいびつなもので，**均整のとれたものではな
かった**。それゆえ，この体系の不調和を解消するために大母音推
移が起きたと想定される。

　また，フランスの言語学者の**マルチネ（Andre Martinet）**は
この現象が起きた要因として，高母音が二重母音に変化すること
が始まりとなり，のこりの母音がすべて高い調音位置に移動させ
られたことであると考え，このような変化を**引き上げ連鎖（drag
chain）**と呼んだ。これに対して，一方，逆に低母音が押し上げ
てゆく変化である，**押し上げ連鎖（push chain）**と呼ばれるもの
も，1つの要因として考えられている。なお，最新の英語史的研
究によれば，大母音推移の発生の要因としては，**押し上げ連鎖
（push chain）**を想定するよりも，**引き上げ連鎖（drag chain）**
を想定するほうが妥当であるという指摘がなされている。

　また，英語の発音では，綴り字と発音の間には，規則性がある
場合もあり，また規則性が見出せない場合も存在する。規則性に
ついては，綴り字発音がその例として挙げることができ，例え
ば，[h] を語頭に持つフランス語系の借用語では，アメリカ英語
のほうが伝統的で歴史的な発音を保存しているのに対して，イギ
リス英語の発音は綴り字発音になっている場合が多い。
すなわち，herb, hostler, humor, humble などはアメリカ英語
の発音では，[h] を発音しない場合もあるが，イギリス英語の発
音では，[h] を発音しない場合は存在しない。

　安井・久保田（2014）によれば，アメリカ英語で綴り字発音が
多いということは十分に認識されているが，はるかにイギリス英
語よりも綴り字発音が多いか，というと，人名，地名などの固有
名詞については，それは事実であるが，普通名詞に関しては，か

ならずしも，アメリカ英語で綴り字発音が多いということは言いがたいと，指摘されている。

この，綴り字で重要な役割をしているのが，現代では発音されない語尾の -e であり，この -e はその前にある母音が長音化（長母音・二重母音）であることを示しており，このような音変化は13世紀前半には完成していた。hope の場合のような単語では，第2音節の語尾の -e が直前にある子音を引き付け第2音節の頭子音となり，第1音節の母音は子音で終わらない開音節構造となることで，この母音は長音化されることとなった。

ところで，近代英語期では，3人称単数現在を表す屈折接辞である -s が標準英語において定着した時代でもあった。

古英語期に生起した -(e)s の語尾は当初はイギリスの北部からのものであり，ロンドンなどの南部地域では，-(e)th の語尾が用いられていた。中英語の後期以降，北部からロンドン地域への移住者が増加した結果，ロンドンの英語に北部の英語特徴が影響して，**シェイクスピアの時代の英語では，-(e)s の語尾と -(e)th の語尾が競合することとなった。**

(6) シェイクスピアの時代の状況
    a. has—hath
    b. does—doth

しかし，最終的には，北部の特徴である -(e)s が生き残り，近代英語期の初期から少しずつ -(e)s の語尾の拡大が進み，今日に至ったのであった（Caxton の印刷のつづり字では "-(e)th" が採用されていた）。

また，今日では，oxen (ox-en) にわずかに痕跡をとどめてい

るにすぎない変化形は，以前はかなり多くの名詞がこの変化に属していたのも事実である。

　先に見た，音変化についての研究では，1870年代では，ライプチヒ大学 (Leipzig University) を中心としたブルークマン (Karl Brugmann) たちが，新進の印欧語研究グループとして活躍した。彼らの主張は，印欧語における音変化というものが，例外のないもので，**規則性と類推 (analogy)** に基づく「**音法則に例外はなし**」という強力な提案をし，音韻規則は規則的に行われ，例外と見られる現象も類推の原理によって説明可能であるとし，今日の言語学の基礎の一部を築いたのであった。これらの原則は以下の2点にまとめられる。

(7) a.　すべての音変化は，例外を許さない**音韻法則**に支配される。

　　b.　新しい語形の成立には，心理的な**類推作用**が関与する。

(城生 (1992))

このような，2つの原則が挙げられ，先に述べた，ブルークマン (Karl Brugmann) のほか，レースキン (August Leskien)，デューブリュク (Berthold Delbruck)，そしてパウルらの**青年文法学派**が残した色々な言語学における業績は，言語学という分野を立派な学問として確立させたのであった。しかしながら，研究が進むにつれて，具体的な言語のデータが蓄積されてゆくと，音韻法則は例外が多く存在するということが判明するにこととなった。そこで，このように極端な方向へと傾いた言語研究というものに警鐘を鳴らし，言語の研究手法の軌道修正をするために，後に言語地理学や**構造主義言語学**の登場に繋がることとなる。

　そして，英語で書かれた最初の**英語文典**（文法書）は，ウィリアム・バロカー（**William Bullokar**）の「**Bref Grammar for English (1586)**」であり，この文典は 68 ページから成る小著であるが，内容は語形論，構文論，韻律論を取り扱っており，当時の標準的な形式を備えたものであった。しかし全体としては中世ラテン語文典の伝統から脱却しているものではなかった。16 世紀には，バロカーに続いてさらに 3 種類の英語文典が書かれたが，そのうち 1 つはラテン語で書かれており，少し高尚なものであったが，他の 2 冊は英文で，実用的かつ初歩的なものであった。

　英語文典は，ローマ，中世ヨーロッパにおいて発展をし，18 世紀以前にすでにイギリスにも広がっていた。しかし，教育を受けた人々の間では，ごくわずかな支配階層でしか用いていなかったラテン語（ラテン文法）が教えられていた。**ラテン語（ラテン文法）**はキリスト教との結び付きがあり，ラテン語は神権を持った「**完全な言語**」だと考えられていた。ゆえに，ラテン語は支配階級が使用する崇高な言語として取り扱われており，当時の科学者たち（数学，物理，医学などの研究者など）も卑俗な自国語とされていた英語，イタリア語，フランス語などではなく，彼らの論文はラテン語で書かれるのが一般的であった。イギリス人であった**ニュートン**は英語ではなくラテン語で，イタリア人であった**ガリレオ**もイタリア語ではなくラテン語で自らの論文を書いていた。しかし，ルネッサンスによって一般民衆の教育に対する関心が高まり，非標準語しか話せなかった民衆は社会的地位を高める為に自らのことばを向上させることになった。

　しかし，英語はラテン系（イタリア語やフランス語など）では

なくゲルマン語系なので，英語をラテン文法にはめ込むことは容易なことではなかった

　英語の文法（英語文典）はラテン文法をモデルにして規範的な規則を持った**規範文法（Prescriptive Grammar）**作り出したのであった。この規範文法とは，文法的に好ましくない用法の禁止を示したものであり，以下のようなラテン文法に基づく，いくつかの文法規則が規定されていた。

(8) a.　8品詞の概念（ラテン語の品詞範疇の継承）

　　b.　分離不定詞の禁止；to **clearly** understand

　　　　　　　　　　　　　　→ to understand clearly

　　c.　二重否定の禁止：I do **not** know **nobody**.

　　　　　　　　　　　　→ I do not know anybody

　　d.　前置詞での文の終了の禁止：Whom did he look **at**?

　　　　　　　　　　　　　　→ At whom did you look?

　　e.　（疑問）関係詞の目的格の使用：**Whom** did you see?

　　　　　　　　　　　　　→ Who did you see?（現在の用法）

この規範文法は，現在の**伝統（学校）文法（Traditional (School) Grammar）**と呼ばれるものにつながるが，18 ～ 19 世紀にかけて比較言語学や歴史言語学の発展を背景に，ことばをより客観的に分析しようとする動きが出てきて，**科学文法（Scientific Grammar）**が登場することになり，科学的文法書（伝統的文法書）として次のような世界的に有名となる名著の文法書が出版された。

(9) a. Sweet, H. (1892, 1898)：A New English Grammar.
   （イギリス）

 b. Kruisinga, E. (1925 ～)：A Handbook of Present-
   Day English.（オランダ）

 c. Poustma, H. (1904 ～)：A Grammar of Late Mod-
   ern English（オランダ）

 d. Jespersen, O. (1909 ～)：A Modern English Gram-
   mar on Historical Principles（デンマーク）

 e. Curme, G. (1931)：Syntax（アメリカ）

しかしながら，書きことばを持たないネィティブ・アメリカン
(Native-American) などの言語を分析すると，インド・ヨーロッ
パ諸言語の文法範疇にまったくあてはまらないことが発見され
た。例えば，「品詞の数が少ない」，「語の配列の違い」，「時制体
系の違い」などが挙げられ，このような独自の体系を持っている
ネィティブ・アメリカンなどの言語の特徴などをありのままに記
述しようとする**記述文法 (Descriptive Grammar)** が従来の**規
範文法 (Prescriptive Grammar)** の対極として登場することと
なった。したがって，以下のような，二重否定や be 動詞の削除
等などは，規範文法では誤りであると考えられていた。

(10)　〈黒人英語〉　　　　　　　　〈標準英語（規範文法）〉

 a. He do not know. (es が脱落) He does not know.

 b. John be good. (be が原形)　 John is a good person.

 c. she sick. (be が省略)　　　 She is sick.

 d. He go. (es が脱落)　　　　　He goes.

しかし，独特の体系を持つ**黒人英語（Black English）**も記述文法の立場からは，誤った文法（言語）としてではなく，1つの独自の文法体系を持っている言語の1つとして解釈されることとなった。また，現在では差別的表現を避けるということから，名称も改められ，**アフリカ系アメリカ人の英語（African-American English）**と呼ばれるようになっている。

また，**規範文法（Prescriptive Grammar）**による分析が非常に難しいということは，次に挙げられるような例からも，簡単に理解することができる。

この文は，学校の先生が，文法を学生に教えるために，黒板に書いた文であるが，自らの説明の板書の文が，規範文法を破っているということにぜひ注目したい。

(11)　A preposition is a word which we can not end a sentence **with**. （**前置詞**は<u>文の最後に使用してはいけない</u>単語である）

そして，客観的に言語を観察できる面，測定できる面（特に音声など）に注意を払い始め，一貫性のあるより厳密な分類と分析（構造が分析の基本となった）を試みた**構造主義文法（Structural Grammar）**が登場した。

構造主義文法における限界（文の多義性の説明ができないなど）が提唱された後に，「人間の文法は規則の束である」という**ノーム・チョムスキー**によって提案された**生成文法（Generative Grammar）**が提案された。この文法理論では文の構造を**深層構造（Deep Structure）**と**表層構造（Surface Structure）**に区別し，前者に**変形規則（Transformational Rules）**が適用されることによって，後者が派生されると主張している。

3.4 英語史における生成音韻論

　生成音韻論における基本的な文献として，Chomsky and Halle (1968) *The Sound Pattern of English* (**SPE**) を挙げることができる。そして，この SPE の枠組みに従って，主に2つの点に注目して，生成音韻論の概説を進めることにする。まず第1には，構造主義音韻論の基本であった分節音の最小単位であった音素の単位を廃止し，新たに分節音を構成する単位として音素よりも小さな単位である**弁別素性** (distinctive feature) の導入を提案した。したがって，分節音は弁別素性の束から成り立っていることになり（弁別素性の詳細は後に述べることにする），同時に音節という従来の概念の破棄も提唱された。第2には，英語の**音声表示**（実際の音への具現化）と**音韻変化**（綴り字と実際の発音とのずれなど）の説明で，**基底表示** (underlying representation) を入力として，音韻規則 (phonological rules) の適用を経て，（表層）**音声表示** (phonetic representation) が出力として得られるとした上で，この過程のことを派生 (derivation) と呼んだ。この理論の大枠は以下のように図示することができる。

(12)　［基底表示 (underlying representation: UR)］

↓

［音韻規則 (phonological rules: PR)］

↓

［音声表示 (phonetic representation: PR)］

音韻規則の適用は，一般的に以下のような定式化によって説明される。

(13)　A → B / X＿＿Y (cf. X A Y → X B Y)

この定式化からは，→ は「変化をする」ということを意味し，/
は「右側の環境において」，＿＿ は「この位置において」というこ
とを表している。すなわち，（13）の定式化は「X と Y にはさま
れた環境で ＿＿ の位置のある要素 A が B に変化する」というよ
うに解釈することができる。

　まずは，簡単な生成音韻論の規則の順序付けと歴史的な発音変
化を例示して見ることにする。

(14)　mission

　　　　a.　[mision]　→　b.　[miʃən]

この現代英語の発音は，本来（14a）のような綴字発音に近い発
音から，（14b）のような発音へと変化したもので，この変化は
次に挙げるような簡単な音韻規則の順序付けの適用によって説明
が可能である。

(15) a.　[i] → [j] / ＿＿ V

　　　b.　[s] → [ʃ] / ＿＿ [j] [V / - stress]

　　　c.　[j] → φ / C ＿＿

　　　d.　[V / - stress] → [ə]

(16)　mission　/mision/

　　　/misjon/　(15) a. [i] → [j] / ＿＿ V

　　　/miʃjon/　(15) b. [s] → [ʃ] / ＿＿ [j] [V / - stress]

　　　/miʃon/　(15) c. [j] → φ / C ＿＿

　　　/miʃən/　(15) d. [V / - stress] → [ə]

　　　[miʃən]

　さらに，生成音韻論における，代表的な音変化の現象の説明例として，英語の**軟口蓋閉鎖音**（velar stop: [g]）と**軟口蓋鼻音**（velar nasal: [ŋ]）の歴史的な観点からの生起状況が，生成音韻論の規則の適用によって的確に説明できることを示すことにする。英語の単語の違いによる軟口蓋閉鎖音（velar stop: [g]）と軟口蓋鼻音（velar nasal: [ŋ]）の生起状況は（17）に見られるようなものである。

(17)　a.　finger [fi[ŋ][g]ər]

　　　　b.　singer [si[ŋ]ər]

　　　　c.　longer [lɔ[ŋ][g]ər]

これら3つの単語における発音の違いは，以下に挙げる2つの音韻規則の歴史的な時代に基づいた適切な順序付けによって，的確に説明される。2つの歴史的な音韻規則（I）は軟口蓋閉鎖音 [g] の直前にある歯茎鼻腔閉鎖音 [n] を軟口蓋音 [ŋ] に変えるもので，音韻規則（II）は語末（# は語末を示す記号）における軟口蓋閉鎖音 [g] を脱落させる音韻規則である。

(18)　(I)　[n] → [ŋ] / ___ [g]

　　　　(II)　[g] → [φ] / [ŋ] ___ #

これらの音韻規則が，（I）（II）の**適用順序**において，以下に示す基底表示（綴り字発音に近いもの）に適用されることになる。なぜなら，本来，英語の発音は**古期英語**（Old English: OE）の時代，は綴り字と音が基本的には 1 対 1 の対応をしており，（17）に挙げられたそれぞれの単語は以下のような基底表示を持っていると考えられる（＋は形態素の境界を示す）。

(19) a.　singer [sing # ər]　　　cf. X X　X X　"sing"

　　 b.　finger [fiŋgər]　　　　　　 | |　| |

　　 c.　longer [lɔng + ər]　　　　 s　i　n　g

(19) に挙げられた基底表示に音韻規則が適用させられると以下のような派生が行われることになる。

(20) a.　singer　　　b.　finger　　　c.　longer

　　　　[sing # ər]　　　[fiŋgər]　　　[lɔng + ər]　(UR)

　　　　[siŋg # ər]　　　[fiŋgər]　　　[lɔŋg + ər]　(I) [n] → [ŋ]

　　　　　　　　　　　　　　　　　　　　　　/ ＿ ⌊g⌋

　　　　[siŋ # ər]　　　[fiŋgər]　　　[lɔŋg + ər]　(II) [g]→[φ]

　　　　　　　　　　　　　　　　　　　　　　/ [ŋ] ＿ #

　　　　[siŋər]　　　　[fiŋgər]　　　[lɔŋgər]　　(PR)

(20) からは，語境界を持つ (20a) では，音韻規則 (II) の適用によって，軟口蓋閉鎖音 [g] が削除されて，音声表示が得られるが，(20b)(20c) ではそれぞれ語境界のないこと及び，形態素境界の存在によって，音韻規則 (II) の適用が阻止されることになり，軟口蓋閉鎖音 [g] は削除されずに音声表示に残ることになる。

　さらに，生成文法理論に基づいた，**生成音韻論（Generative Phonology）の音韻規則（Phonological Rules）**が適用されるということによって，身近な派生語の発音の変化が説明される。例えば，electiric の最後の子音の発音は閉鎖音の [k] であるが，接尾辞の -ity が付加されると electric-ity の "c" の発音は摩擦音の [s] に変化し，この現象は以下のような音韻規則の適用によって

説明されることになる。

(21) a. [k] → [s] /___ +i
   b. electric [k] → electricity [s]
   c. critic [k] → ciriticism [s] (Hyman (1975))

3.5 英語と聖書の関わり

英語の歴史の変遷と発展について，キリスト教の聖典である聖書（Testament）との関係は重要な役割をしているので，ここではこれらの関係について概観することにする。基本的知識として，聖書は『旧約聖書 (The Old Testament)』と『新約聖書 (The New Testament)』の2つの部分に大きくわけられることになる（現代では，この2つの「聖書」は1つにまとめられている）。ここで言う「旧約」とは「旧い契約」の省略であり，「新約」とは「新しい契約」の省略であり，これらの「旧約」，「新約」という表現は，「神」と「神の民（人間）」との，当事者の契約であることを指し示している。聖アウグスティヌスが40人の修道士たちとイギリスにキリスト教を布教するためにローマから，イギリスに持ち込んだラテン語で書かれた聖書が，『ウルガータ (Vulgata)』と呼ばれる聖書であり，以後，イギリスを含めたヨーロッパでは，この聖書が中世全期を通して，ローマ・カトリック教会の教義と権威を示す代表的な聖書として扱われていった。なお，古英語時代には，何冊かの聖書が存在していたが，この時代の聖書は，ほとんどラテン語で書かれたものであった。

『旧約聖書』がもともとはヘブライ語で書かれており，『新約聖

書』は標準的なギリシャ語で書かれていた。ただ，『新約聖書』
が，イエス・キリストやその弟子たちが話していたアラム語でも
ヘブライ語でもない，ギリシャ語で書かれていた，ということは
とても興味深いことである。

　1079 年に，**教皇グレゴリウス 7 世 (Gregory VII)** がラテン
語に訳された聖書以外の使用を禁止したことや，ノルマン人の征
服以降の約 300 年間はイギリスの支配階層はフランス語を使用
していたことなどが理由で，中英語期中頃までは英語に訳した聖
書を必要とする社会状況がまだなかったことは明らかであった。
しかし，**百年戦争 (1338～1453 年)** や，**ペストによる人口減少**
が起きて労働者階層の存在価値が高まると共に，一般大衆の言語
であった中英語がその勢いを増す時代が到来することになった。
さらに教会の大分裂によって，宗教界における混乱が生じ，教会
組織というもの支配力が低下した結果，英語に翻訳された聖書が
登場する時代となった。

　そして，本格的な英語訳による聖書が登場するのは中英語期で
ある，14 世紀であり，**ジョン・ウィクリフ (John Wycliffe:
1330?-1384)** という神学者らによって作成された『**ウィクリフ
派の聖書 (The Wycliffe Bible)**』と呼ばれるものであった。も
ちろんこの英訳聖書もラテン語訳の聖書を底本としていたので
あった。このような聖書はまだ印刷技術が発明されていない時代
のものなので，すべてが写本と言われる，1 つ 1 つが全部手書き
によって写し書かれたものであり，時間や費用が膨大で，現代の
ように多くの人々が同じ内容の本を読むことはできなかった。

　印刷技術が発明された後，15 世紀についにイングランドでも，
ラテン語訳からではなく，聖書を直接，ギリシャ語やヘブライ語

の原典から翻訳して，英語訳の聖書を作成する人物が現れ，それ
は，ウィリアム・ティンダル (**William Tyndale: 1494?-1536**)
であり，まずは『**ティンダル訳新約聖書第 1 版 (Tyndale's New
Tastament: 1526 年)**』が出版された。

　しかし，中世において聖書を英語の翻訳することは宗教的に異
端とされ，ティンダルによる英語訳聖書もイギリスでは出版がで
きずに，ドイツで出版（ルターの宗教改革の影響などで）がなさ
れたが，イギリスに逆輸入された分については，すべて焼却処分
されたのであった。結局，ティンダルはイギリスでこの聖書の英
語訳をおこなったことで 1535 年に逮捕，投獄され，1536 年異
端の罪で絞首刑となり，さらにその後，火刑の処理がほどこされ
た。

　このような過程を経て，1604 年にロンドンの郊外で高位の聖
職者たちが集まり，宗教会議が開かれ，当時の**国王ジェームス 1
世 (James I: 在位 1603-1625)** はこの宗教会議での採択結果を
受け入れ，新しい英語訳聖書の作成が認められた。こうして，英
語訳聖書の決定版といわれる『**欽定訳英語聖書 (The Autho-
rized Version)**』（一般には，**King James Version** として知ら
れている）の初版が 1611 年に出版され，さまざまな聖書の英語
訳をめぐる諸問題に幕が下ろされたのであった。この『**欽定訳英
語聖書 (The Authorized Version)**』は，綴り字や句読点等を修
正しながら，何度も重版され，400 年後である今日においてもい
まだ発行がなされている。

第4章　現代英語の始まり

4.1　英語の辞書

　本節では，イギリスとアメリカにおける代表的な英語辞典の概観をすることにする。まず，イギリスで代表的な英語辞書は，『オックスフォード英語辞典 (The Oxford English Dictionary (略称 OED: 1928: 当初 The New Oxford English Dictionary (略称: NED))』であり，これは第 1 分冊が 1884 年に刊行されてから，1928 年に 10 巻として出版されて，一応完結している (OED 初版)。この辞書の基本的内容は，1150 年以降の文献に現れるすべての語を記載し，各語に可能なかぎりさかのぼって，綴り字や語義を時代順に提示し，引用例文には最古の用例を挙げており，語数は 41 万 4825，引用文例は 182 万 7360 に及んでいた。この世界最大の英語辞典作成という大事業の編集を中心的に担当したのが，ジェームズ・マリー (James, A. Murry: 1837-1915) であったが，彼は貧しい家に生まれながらも，独学で多くの言語と教養を身に付けた後に，学会の最高峰とも言える，この作業で編集を担当し，この OED が編集を開始してから完成ま

でに70年という長い歳月がかかったことを考えるとマリーの偉大さを無視することはできない。

1928年後，1933年に最初の補遺とともに名称をNEDからOEDと改め，12巻とされ，これが名目上OEDの初版である。さらに修正版が，1972年から1986年にかけて作成され，本巻が12巻，補遺4巻からなる16巻がセットとなって出版されることとなった。

現在は，前巻の本巻12巻，補遺4巻からなる修正版を合体させ，さらに5000語加えて編集した，全20巻，21,721ページから成る『**オックスフォード英語辞典（The Oxford English Dictionary（略称OED: 1989））**』が1989年に出版され，これがOEDの第2版である。なおこの第2版では，発音表記は，第1版での改良綴り字表記（Respelling）ではなく発音記号IPA（International Phonetic Alphabet）が採用された。

OEDの第2版では，全20巻にもおよぶ紙装版のほかに，CD-ROM版（フロッピー）も発売され，研究者や学生，一般読者にとっての利便性に配慮がなされたのであった。また，OEDの第3版は，当初オックスフォード大学出版局による広告等では，2010年に出版予定とされていたが，紙装版としての発行はなされずに，WEB上にて，閲覧が可能となっている。残念ながら，時代の流れにより，紙装版としての発行はなされないこととなったことは，残念なことと言えよう。

ただ，このOED（特に初版）はあまりにも大著であったので，一般大衆にとっての辞書としては，価格面や利便性においては優れていなかったので，OEDを2巻に凝縮した『**The Shorter Oxford English Dictionary（SOD）**』や，学生用や一般読者用

として一般中型書とした『**The Concise Oxford English Dictionary (COD)**』，究極に小型化を図った『**The Pocket Oxford English Dictionary (POD)**』，『**The Little Oxford English Dictionary (LOD)**』が出版されている。 が，いずれもが英語母語話者用の英語辞書であるので，英語の第 2 言語学習者にとってはしばしば，難解な部分があることには注意しなければならない。

　最後に，この OED の作成に執筆者の 1 人とした参加した人物で，特筆すべき人がいた。それは，**ウィリアム・チェスター・マイナー (William Chester Minor: 1834–1902)** であり，彼は，アメリカの名家の血をひき，陸軍の軍医大尉であったか，精神を病んだ後ロンドンで殺人事件を起こし，精神病院に終身監禁されることになった。しかし，マリーが新聞に辞書執筆の協力者を求める記事を掲載した後，マイナーはマリーのこの申し出に答える形で，2 人は 1880 年に精神病院にて，出会うこととなり，以降，辞書作成における洞察力に優れていたマイナーの執筆協力は，マリーにとってはなくてはならない協力者の 1 人となり，これは OED の作成における，とても興味深い逸話の 1 つとなっている。（もちろん，マイナーの名前は，OED の執筆者一覧に記載されている）

　次には，アメリカの代表的な英語辞書について概観することにする。

アメリカで出版された英語辞書を語る時には，かならず思い出される人物と言えば，**ノア・ウェブスター (Noah Webster: 1758–1843)** が挙げられることとなる。ウエブスターは辞書の編集に関してはとても野心的であり，イギリスの英語辞書を批判しながら，自分の辞書について独自の考えを加えて，その強い個性

を示していた。彼は，最初の著書（容易にスペリングと発音を学習させるために刊行された）『アメリカ綴り字教本 (The American Spelling Book: 1783)』は，19世紀後半までに約1億部も売れたというベストセラーを執筆した後，アメリカで辞書の編集を行い，出版することで，アメリカの教育と文化に永続的でかつ多大な影響を与えたのであった。

このウエブスターを代表する現代の英語辞書が，『国際辞書』の名称で刊行されたもので，『ウェブスター新国際辞書 (Webster's New International Dictionary of the English Language)』の初版は見出し語数が400000語で，1909年に，そして改訂版である第2版，『ウェブスター新国際辞書 (Webster's New International Dictionary of the English Language, Second Edition)』は見出し語660000語で，1934年に刊行された。そして，現代においてもその価値を失っていないアメリカ英語辞書の最高峰である，『ウェブスター第3代新国際辞書 (Webster's Third New International Dictionary of the English Language)』が1961年に，見出し語450000語で刊行された（略称，Web 3rd）。

この第3版は，絶賛された第2版に比べられて，収録語数の減少などを含めて大きな落差があると指摘されたが，これは当時の構造言語主義の隆盛が大きく影響しており，言語学者たちにとっては一段と進歩した記述であると評価され，言葉の辞書への傾斜を強化して，共時性を重視し，さらに記述主義の要素を重視したのであった。第2版に比べ，発音表記にも詳細な発音表記体系が用いられたが，IPAの発音記号ではなく，改良綴り字表記 (Respelling) が再び採用されていた。

　しかし，この『第 3 代新国際辞書』は 1 巻本であったので，非常にサイズも大きく価格的にも高価であったので，この『第 3 代新国際辞書』を親本とした，大学生向きの中型辞書である『**ウェブスター第 11 版新大学辞書**』が 2003 年刊行されている。この辞書は，初版が出て約 1 世紀となり，ほかの机上版では見られない歴史を持っており，ほぼ定期的に改訂が行われ，新語，新語儀の採録が重視されており，2500 にも及ぶ大学があるアメリカでは，今でもベストセラーとなる辞書である。

4.2　アメリカ英語とイギリス英語の語彙の違い

　イギリス人がアメリカ大陸に入植し，イギリスから独立し，アメリカ合衆国が成立して，200 年以上が経ている。アメリカはもともと，イギリスの植民地であったので両国とも話す言葉は英語だが，大西洋を隔てることにより，現在のアメリカ人の話す英語はある程度の独自の変化を重ねながら，基本的には古い時代のイギリス英語の形式を維持しているので，アメリカ英語のほうがイギリス英語よりも古い英語であると言える。　以下に，**アメリカ英語とイギリス英語の語彙の違い**を挙げてみる。

(1)		〈アメリカ英語〉	〈イギリス英語〉
	アパート	apartment	flat
	エレベーター	elevator	lift
	秋	fall	autumn
	ガソリン	gas	petrol
	地下鉄	subway	underground / tube

	〈アメリカ英語〉	〈イギリス英語〉
1 階	the first floor	the ground floor
映画	movie	cinema
鉄道	railroad	railway

もちろん，上記の語彙以外に，発音や文法においても，アメリカ英語とイギリス英語においては相異がしばしば見られるが，アメリカ人の英語とイギリス人の英語はもちろんお互いに相互に理解することが可能である。

　19 世紀のアメリカ人，ジャーナリストであり，英語学関係の大著，『アメリカ語 (The American Language: 1919)』を執筆したヘンリー・メンケン (Henry Mencken: 1880-1956) は，「将来，アメリカ英語とイギリス英語は別々の言語になっているだろう」と予言したが，このことは少なくも，現時点では実現はしていないと言えるだろう。

　ただ，発音に関しては，インターネットの発達，テレビ，ラジオなどの放送網の発達，飛行機などの交通手段の発達などによって世界がグローバル化したことで，イギリス英語は世界一の経済力を持つアメリカ英語の影響を大きく受けており，特にイギリスの若者たちの英語の発音は，アメリカ英語の発音の影響を受けていることは明白である。

4.3　アメリカ英語とイギリス英語の発音の特徴と違い

　現在，アメリカ英語とイギリス英語の発音には大きな違いが，いくつか存在していることも事実である。本来，アメリカ英語の

発音は，イギリス英語の発音の古い形であり，その発音が現在の
アメリカ英語の基礎となっている。

　したがって，代表的なアメリカ英語とイギリス英語との間にあ
る発音の違いとして挙げられる例としては，母音の後や語末にお
ける [r] 音の欠如の有無である。アメリカの標準英語では，[r]
音を持った移民者たちが 17 世紀までにアメリカに渡ることで，
[r] 音は維持されることになるが，**イギリスでは 17 世紀後半に
は消失が始まることとなり**，以下に見られるような発音の相異が
生じることになった。

(2)　　　〈アメリカ英語〉〈イギリス英語〉

　　a.　car　　[kɑr]　　　　[kɑː]

　　b.　art　　[ɑːrt]　　　　[ɑːt]

　　c.　bird　[bɑːrd]　　　[bɑːd]

このアメリカ英語における [r] 音の発音の特徴を **R 音性（rhot-
ic）** を持つと呼び，イギリス英語のようにこの R 音性を持たな
いことを**非 R 音性（non-rhotic）**持つと呼んでいる。この [r] 音
の発音はアメリカ全土で発音されているわけではなく，アメリカ
の方言区分の**中西部方言，南部方言，東部方言**のうちで，アメリ
カ英語の標準語として規定されている中西部方言のみにて，発音
されている。このアメリカ英語の標準語として規定されている中
西部方言は**一般米語（General American: GA）**と呼ばれている。

　この GA はアメリカの全米で放送されているテレビの **3 大ネッ
トワーク（ABC, NBS, CBS）**でも話されている英語と言う意
味おいてネットワーク英語（Network English）とも呼ばれてい
る。ただ，近年では，ケーブルテレビである **CNN（Cable**

News Network）も全米や世界レベルにおける重要な放送網と
なっており，**FOX TV** を含めると4大ネットワークという表現
が用いられることとなる。

さらに，このアメリカ英語における代表的な発音の特徴として
は，**弾音化（Flapping）** が挙げられ，以下に見られるようにイギ
リス英語では区別がなされた単語がアメリカ英語ではこの弾音化
によって中和されて，区別ができない単語が散見されるが，これ
は逆に考えるとアメリカ英語を識別する象徴的な特徴であると言
える。

(3) a. writer [raiDar] / rider [raiDar]

b. metal [meDal] / medal [meDal]

c. latter [laDar] / ladder [laDar]

d. better [beDar] water [WaDar]

また，アメリカ英語でも，南部方言では，often という単語の [t]
の発音が具現化されており，南部方言ではこの [t] を発音するこ
とが標準的な発音であり，南部方言の代表的な特徴である。しか
しながら，この発音形は教養のない人の発音として差別的に取り
扱われる場合があるので，注意が必要である。が，この [t] の具
現化の発音は Wells（2008）の発音辞典によれば，以下に見られ
るように英米のどちらの話者においても，約3割がこの発音を
していることも忘れてはならない。

(4) often　〈[t] なし〉　〈[t] あり〉

米音　　78%　　　22%

英音　　73%　　　27%　　　　　　　（Wells（2008））

　一方，イギリス英語における標準語は，名門のパブリックスクールを卒業し，教養のある人々の話す**容認発音（Received Pronunciation: RP）**があげられるが，この発音はイギリスの人口の約3〜5%の人々にしか話されていないということは注目すべき点である。この RP の話し手の代表としては，イギリスの国営放送である BBC（英国国営放送）のアナウンサーが挙げられ，彼らの RP の発音は **BBC 英語（BBC English）** という名称が使用されることもある。この RP の対極となるイギリスのロンドンの下町で話されている代表的な方言が**コックニー英語方言（Cockney Dialect）**であり，発音における典型的な特徴は，以下にあげる母音と子音に見られる。

(5) 　　　　〈容認発音（RP）〉〈コックニー英語方言〉

　　母音　[ei]　　　　　　[ai]　　　day [ei] → [ai]

　　　　　[ou]　　　　　　[au]　　　no [ou] → now [au]

(6) 　　　　〈容認発音（RP）〉〈コックニー英語方言〉

　　子音　[h]　　　　　　[h] なし　hotel [houtel] →

　　　　　　　　　　　　　（=[ɸ]）　[outel]

　　　　　[t]　　　　　　[ts]　　　tea [ti:] → [tsi:]

　　　　　[p] [t] [k]　　[ʔ]　　　Sco[ʔ]land

　　　　　dark [ɫ]　　　　[u] [o]　　milk [miuk]

これらの発音の特徴を明確に示したものが，オードリー・ヘップバーン主演のミュージカル映画の名作として挙げられる『**マイ・フェア・レディー**』である。そして，コックニー英語方言の上記の特徴は，その映画内でロンドンの下町での花売り少女役のオードリー・ヘップバーンが演じるところの少女，イライザの発音で

見ることができる。以下に主な発音の特徴の具体例を示すことにする。

(7) a. The rain in Spain stays mainly in the plain. (容認発音)
        [ei]   [ei] [ei] [ei]   [ei]

  b. The rain in Spain stays mainly in the plain (コックニー)
        [ai]   [ai] [ai] [ai]   [ai]

(8) a. In Hertford, Hereford, and Hampshire, hurricanes
      [h]   [h]   [h]   [h]
    hardly ever happen (容認発音)
    [h]   [h]

  b. In Hertford, Hereford, and Hampshire, hurricanes
      [φ]   [φ]   [φ]   [φ]
    hardly ever happen (コックニー)
    [φ] [h] [φ]

この『マイ・フェア・レディー』の原作者であるジョージ・バーナード・ショウ (**George Bernard Shaw: 1856–1950**) は，当時の英国の英語という言葉の乱れについて危機感をもっており，正しい発音ができない，間違った文法，綴り字の不統一に基づく（言語）教育の不十分さを嘆き，それらの是正に取り組んでいた。そういった状況の中で彼は，当時の英語の発音と綴り字のずれという問題を皮肉って，つぎのような逸話が残されている。

(9) ghoti = fish (enou[gh] = [f], w[o]men = [i], sta[ti]on = [ʃ])

この例では，綴り字に対して，変則的な発音があてられているこ

とを皮肉ったものである。したがって，"ghoti" という綴り字から fish [fiʃ] と発音できることの不自然さおよび，不統一さが，この例から我々は読みとることができる。

　最後に，『マイ・フェア・レディー』のもう 1 人の中心的登場人物である，音声学者である，ヘンリー・ヒギンズ教授（professor Henry Higgins）のモデルについて，当初は音声学の始祖といわれる**ヘンリー・スイート（Henry Sweet: 1845–1912）**であると言われていたが，実はスイートの後を継いだ，実在の著名な音声学者である**ダニエル・ジョーンズ（Daniel Jones: 1881–1967）**であるという説があるが，要検討である。

　また，このヘンリー・ヒギンズ（[H]enry [H]iggins）という名前も無作為に決められたものではなく，姓及び名のどちらも，[h] という音で初められており，これはコックニー英語方言では [h] 音が発音されないという事実（[ɸ]enry [ɸ]iggins: エンリー・イギンズと発音される）をより明確に聴衆（観客）に知らせるために意図的に付けられた名前であることにも注目したい。

　90 年代のイギリス英語では，標準発音である**容認発音（Received Pronunciation: RP）**と対極にある下町方言であるコックニー英語方言（Cockney Dialect）の階級対立の構図を緩和する 2 つの中間方言として**河口域英語（Estuary English: EE）**なるものが出現，登場したのであった。この河口域英語はロンドンを流れるテムズ河の河口域で話されていることからこの名前が与えられており，話されていた，具体的な地域はロンドン郊外，ケント州，エセックス州などある。

　ロンドンから新しく移住してきた住民たちは，コックニー英語方言のなまりは社会的に「不利」なので，これを少しでも容認発

音に近づけた発音を目指し，中間的な河口域英語がイングランド南東部を徐々に浸食していった。コックニー英語方言の話し手が労働者階級に限られるのに対して，河口域英語では，特定の階級の人々に話されているものではなく，医者，教師，銀行員，政治家などの幅広い階級の人々よっても話されており，代表的な話し手としては，**メイジャー前英国首相**や，**ダイアナ前皇太子妃**なども含まれる。なお，河口域英語の言語学的特徴，特に音声学的特徴は，ほぼコックニー方言のもの同じであるので，それらについては，さきに述べているコックニー英語方言の発音特徴の部分を参照していただきたい。

4.4　英単語の意味変化

さきの部分では，おもに現代イギリス英語における容認発音や方言に関する発音等について概観してきたが，ここでは英語全体における「**語の意味変化**」に焦点をあてることにする。

ここでは，英語の単語を含む西欧の単語の変化について検討を行う。まず最初には，単語の持つ意味が狭くなる「**意味の特殊化**」である。現在，英語で一般的に用いられている "dog"（犬）という単語であるが，この英単語が初めて文献に現れたのは 11 世紀の半ばであり，それ以前の英語では犬という語は，"hund"（現代英語 hound）が用いられていたが，この単語は現在では持つ意味が狭くなり「猟犬」のみに限られている。

さらに，"girl" という英単語は現在の持つ意味は「女の子」という意味であるが，以前は「男の子」という意味も持っており，14 世紀のチョーサーの時代には，この単語は「若い男女」の意

味で用いられていた。しかしながら，現在ではこの "girl" とい
う英単語も「意味の特殊化」によって持つ意味が狭くなり，「女
の子」という意味のみを持つようになってしまった。その他の例
としては，以下のような例も挙げられる。

(10) a.　deer:「動物」→「シカ」
　　　b.　meat:「食物」→「獣肉」

　しかし，「意味の特殊化」とは反対に意味が広がること，つま
り「**意味の一般化**」という現象も見られる。例えば，"arrive" と
いう英単語は本来，航行用語として用いられ，「岸に着く」とい
う意味に限定されていた。しかしながら，到着する場所に対する
限定がなくなることによって，以下のような表現が可能となっ
た。

(11) a.　arrive in London（地名）
　　　b.　arrive at the station（具体的な場所）
　　　c.　arrive home（抽象的な場所）

また，"bird" という英単語は，本来，「ひな鳥」を意味していた
が，「意味の一般化」によって現在では，「鳥一般」を意味してい
る。

　次には，意味変化の結果，本来あまりよくない意味を持つ単語
がよい意味を持つような場合が存在する。この現象は「**意味の向
上**」と呼ばれるものである。例えば，"sophisticated" という英単
語は 17 世紀の初めにラテン語から借入され，当初は，「（酒等）
が不純な」とか「（文章などを）改ざんした」という悪い意味を
持っていたが，19 世紀からは現在，用いられているような「洗

練された」という良い意味で使用されるようになった。

"minister" という英単語も現在では,「大臣」,「牧師」などの意味で使用されているが,本来の意味は「僕 (しもべ)」というような意味しか持っていなかった。

最後に,語の意味変化の過程で,持っている意味が悪くなること,つまり**「意味の下落」**という現象がある。例えば,現代英語では「愚かな」という意味で使用されている語,"silly" が本来は,「幸福な」や「祝福された」という良い意味から始まり,時代を経て「無邪気な」や「哀れむべき」「世間にたけてない」という意味などを経て,16 世紀にやっと現在,用いられている意味である,「愚かな」へと落ち着いたのである。

4.5　語形成の歴史的過程

語形成の過程についても,歴史的観点から概観することができる。もっとも生産性の高い,すなわち形成される頻度が高い語形成過程は**複合語 (複合語化:compound または compounding)** の生成である。この複合語化の過程は古くは古英語の時代から,その形成過程は行われている。今里 (2015) によれば,例えば,"ealo"(酒) と hus(家) という 2 つの単語から "ealohus"(酒場) や,"frum"(初め) と "weore"(仕事) を合せた,"frumweorc"(創造) というような語が複合語過程によって作り出された。

古英語期からの過程で,2 つの語が結合して複合語が形成される場合,元のそれぞれの語の意味内容が明確に残存している場合が多いのが英語の複合語の特徴の 1 つであると言える。

しかしながら,現代英語の中には,そのような特徴がすでに失

われてしまっており，英語話者でも複合語であるとは感じ取られない語が散見される。そこで，今里（2015）の挙げている例では，"lord"（主人），"lady"（婦人）などようにもはや複合語とは思われない例となっている。

　まず，"lord"（主人）という単語の原形は古英語の "halford" または "hlafweard"（主人）であり，"hlaf"（パン）と "weard"（守る人）が結合してできた複合語である。また，"lady"（婦人）の原形は古英語の "hlafdige"（女主人）であり，"half"（パン）と "dige"（こねる人）が結合してできた複合語である。2つともの例は，語頭の [h] 音や中間音の [t] 音が脱落して，さらに短縮化される過程を経て，現在の "lord"（主人），"lady"（婦人）という単語になった。

　つまり，古英語の時代には，複合語であった語が現在では，単一の語と解釈されるようになったのである。日本語の場合においても英語と同様に以前は2つ単語から形成されていた複合語が，現代の日本語では単一の語とみなされる例がある。たとえば，瞼（まぶた）は漢字，1字で表記され，単一語のように思われるが，歴史的には，「ま（目）＋ふた＝まぶた」，というように2つの単語の結合によって成り立っていたが，現代の日本語話者のほとんどが，この語の本来の成り立ちを知らないのが実情である。

　また，英語において，本来は1つの文章として成り立っていた，"God be with ye (you)"（神があなたと共にありますように）という祈願文の表現が短縮化されて別れのあいさつである "Good-bye" なったという事実については英語母語話者でさえ，なかなかこの生成過程を理解しているものは少ないと思われる（スペイン語の adios（さようなら）＝a (with)＋dios (gods) であり英語と

同様の構造である）。

　派生語の生産や複合語化というものは，古英語の時代には非常に頻繁に行われたようであるが，中英語期には非常に多くの外来語の借入が英語の語彙の増大化を引き起こした結果，語彙の多くは外来語（借入語）が占拠してしまうという現象が起きた。そのなかでも，書き言葉である文章体においては，大部分の語彙はラテン語から直接に英語に入るか，フランス語を経由して英語に入るという過程が生起していた。

　しかしながら，機能語である，冠詞や前置詞，接続詞，助動詞などや，代名詞などの基本語の大部分は古期英語以来の英語の本来語が残存しており，ラテン語などの借入語がいかに多く英語に借入されたとしても，これが英語の語彙の中心部分を担っているということはなく，英語の本来語が中心的な役割を占めている。

　さらに，英語の単語の形成過程では，語形成の基本部分である語幹に対して接辞（接頭辞や接尾辞）の付加に関して，一定のそれぞれの要素の持つ語源的素性が深く関わっていることも忘れてはならない。一般的に基体や接辞が持つ語源的素性には，Plag (1998) によれば，次に挙げるような制約が提案されている。

(12)　**Latinate Constraint**

　　　Bases and affixes may combine only if their etymological features are compatible.

　　　（語幹や接辞はそれらの語源的素性が一致した時のみに，結合は可能である）　　　　　　　　　　　　　　　　　　　(Plag (1998))

このような制約に基づき，Plag (1998) では3つの範疇から成る，素性指定が以下のように提案されている。

(13) a. ラテン語・フランス語系素性： [＋Latinate]

    b. ゲルマン語系素性 ： [－Latinate]

    c. ゲルマン語系・ラテン語・フランス語系素性：[－/＋Latinate]

(Plag（1998））

これらの語源的素性の関係から読み取れる内容は，[＋Latinate] の要素が，[－Latinate] の要素と結合することが阻止され，[＋Latinate] の語幹は，[＋Latinate] または [－/＋Latinate] の接辞とのみ結合し，[－Latinate] の語幹は，[－Latinate] または [－/＋Latinate] の接辞とのみ結合することを示している。これらの関係性は次のように図示される（＊は不適格を示す）。

(14) 〈語幹〉 〈接辞〉

    a. [＋Latinate]＋[＋Latinate]/[－/＋Latinate]/＊[－Latinate]

    b. [－Latinate]＋[－Latinate]/[－/＋Latinate]/＊[＋Latinate]

そこで，これらの語源に基づく素性指定によって，英語の単語形成の説明が可能な一例を挙げることにする。

まず，語源的素性が，[－Latinate] と指定されている英語本来語の "happy" には，名詞を派生する接尾辞の "ity" と "ness" の両方が理論的には付加が可能であるが，この場合，付加が可能なのは "ness" だけである。

その理由は，接尾辞の "ity" の持つ語源的素性は，ラテン語・フランス語系素性：[＋Latinate] を持っており，一方，"ness" はゲルマン語系・ラテン語・フランス語系素性：[－/＋Latinate] の素性を持っており，英語本来語である "happy" に付加可能な

接尾辞は，"ness"のみ可能であると説明される。Taylor（2012）によれば，"ness"は"ity"よりも多くの形容詞に付加されて名詞を作り出し，生産性が"ness"は"ity"よりも高いと指摘されている。また，同じ接尾辞でも"th"は"wealth"や"health"で見られるが，これらの接尾辞の中では最もその生産性は低いものであると述べられている（ness > ity > th）。

(15) a.　happy [− Latinate] + ity [+ Latinate] → *happity
　　　　　→ [− latinate] [+ latinate]（素性一致せず付加不可能）

　　b.　happy [− Latinate] + ness [− / + Latinate] → happiness
　　　　　→ [− Latinate] [− / + Latinate]（素性一致（[− Latinate]）により付加可能）

また，このような語源的素性の違いは，Schmid（2005）によれば，接頭辞の，in- や un- の働きの違いにも反映されることがある。具体的には，接頭辞の，in- はラテン語系（ラテン語からの派生）の素性を持っており，一方，un- はゲルマン語系（古英語からの派生）の素性を持った接尾辞であり，前者は語幹に付加された際に，**鼻音（[n]）のが同化現象を引き起こす**が，後者のほうではそのような現象は引き起こされない。

(16) a.　in（ラテン語系）：i[n]-balance → i[m]-balance
　　b.　un（ゲルマン語系）：u[n]-balance → u[n]-balance

ラテン語系（ラテン語からの派生）の素性を持った接頭辞 in- は，鼻音同化のほかに，**付加される語幹の語頭の子音に同化するという特徴**も，以下のように持っている。

(17) a.　i[n]-logical → i[l]-logocal

　　　b.　i[n]-regular → i[r]-regular　　　　　　(Hamawand (2009))

また，Siegel (1974) では，in- や un- などを含む接辞をクラス
I とクラス II という 2 つのグループにわけており，Aronoff and
Fudeman (2011) によれば，この 2 つの接辞のグループの最大
の違いは付加された語幹の強勢の位置を変えるかどうかであり，
前者は強勢の位置を変えることがあり，後者は強勢の位置を変え
ることは少ない。下記を参照されたい。

(18) a.　in- (クラス I)：ir-réparable ← repáir

　　　b.　un- (クラス II)：un-repáirable ← repáir

　　　　　　　　　　　　　　　(Aronoff and Fudeman (2011))

さらに，Aronoff and Fudeman (2011) で，は in- と un- では，
un- を付加して作り出される語のほうが，in- を付加して作りだ
される語よりも多い，すなわち，un- のほうが，in- よりも生産
性が高いということも，指摘されている。

　このような音韻的な特徴の違いはあるが，これらの接頭辞は，
他の接頭辞と同様に，付加された語幹の品詞を変えることはなく
(一方，接尾辞は付加された語幹の品詞を変えるが)，さらに，2
つの接頭辞は，付加される語幹は共に，基本的に形容詞であると
いう共通点を持っていることも興味深い。

　ただ，このような否定の接頭辞で，in- が付加されている単語
の中でも，in-born (生まれつきの)，im-plant (植えつける)，in-
hale (吸い込む) などのような単語に付加されている接頭辞の in-
は「否定」の意味を表していないということにも注意しなければ

ならない。

　さらに，Manova（2015）によれば，接頭辞付加の順序に課される制約は接尾辞付加の順序に課される制約よりも，弱いと指摘されている。このような前提で，Manova（2015）では，例えば，英語の派生接尾辞の付加順序の説明で，スラブ語の派生接尾辞の付加順序を説明することはできず，スラブ語の単語の接尾辞の付加位置とその範囲は，英語におけるそれらよりもはるかに豊かであると指摘している。

第 5 章　おわりに

　以上，本書では英語の歴史を主に語学的側面からの分析を中心に文化的分析側面からの分析を行うと同時に，英語の歴史の重要事項を列挙してきた。従来から指摘されている英語の歴史での重要事項を示すと同時に，英語史にかかわる様々な現象についての最新の分析も行っている。

　一般に我々が知っている世界史の中での英語の歴史の位置づけでは，英国のほんとうに複雑な英語史については，あまりに多くは触れられていないのが実情であろう。例えば，現在のイギリスの主要民族である，アングロ・サクソン民族が，実は，イギリスの先住民族であるケルト人を追い出したことや，14 〜 16 世紀に英語の長母音にだけ起きた（他のヨーロッパの言語では起きていない）大きな音変化である大母音推移（Great Vowel Shift）によって英語の発音と綴り字の間に大きな乖離が生じたこと，などは，英語を専門に研究する者たちしか，知り得ない情報となっている。

　ヨーロッパの北西に位置した小さな島であったブリテン島に，

ゲルマン民族によって5世紀ごろにヨーロッパ大陸から持ち込まれた英語（当時は古英語であった）が，今度はブリテン島から，アメリカやアジア，アフリカへと英語は持ちこまれることとなり，これによって英語は，世界中に広がった「**移動する言語 (mobile language)**」という言葉が与えられた（Saraceni (2015) を参照）。

　したがって，本書によって，今日では世界の共通語の1つとなった英語のその歴史的な特徴に少しでも触れてもらえられることを筆者は切に願うものである。

さらに詳しく調べたい人のために

・永嶋大典他訳 (1981)『英語史』研究社.

本書は，翻訳書（原著は Baugh, A. and T. Cable (1993)）ではあるが，英語史全般を扱った，網羅的な英語史の概説書である好著。初級から上級者用。

・中尾俊夫・寺島迪子 (1988)『図説 英語史入門』大修館書店.

英語史全般について，分かりやすく図や写真などを多く用いた初級者向きの英語史読本である。初級者用。

・岩崎春雄 (1979)『英語史』慶應通信.

英語史を発音，語形態，統語法，語彙など分けて，詳細な分析を行った上級者向きの英語史のコンパクトなサイズの英語史の参考書。

・竹内信一 (2009)『英語文化史を知るための 15 章』研究社.

英語史について，15 章に分けながら，文化的側面に中心を置きながら，英語史全体の流れを知ることのできる異色の書である。初級者から中級者向き。

・寺澤　盾 (2013)『聖書でたどる英語の歴史』大修館書店.

英語の歴史に関して，聖書の内容からの観点で，概観しているが，発音や綴り字などの内容にもふれている書。中級者か

ら上級者向き。

・安井稔・久保田正人（2014）『知っておきたい英語の歴史』開
　拓社.
　英語の歴史全体を概観でき，英語史上での重要なトピックに
　ついて，詳しく，丁寧な分析が行われている好著。中級者か
　ら上級者向き。

・宇賀治正朋（2000）『英語史（現代の英語学シリーズ）』開拓社.
　現代の英語学シリーズの一巻として出版されたもので，英語
　史を語学的に詳細に分析したもので，上級者向きの好著であ
　る。

・中尾俊夫（1989）『英語史』講談社.
　英語史の研究を専門とする代表的な著者によって書かれた，
　新書版の英語史を扱ったもので，分かりやすく説明がなされ
　ている好著。初級者向き。

・松浪　有編（1986）『英語史』大修館書店.
　出版年は少し古くなるが，英語の歴史を語学的観点や文化的
　観点からも探った初級者から中級者向きの英語の入門的概説
　書である。

・三川基好（2008）『英語の冒険』講談社.
　翻訳書ではあるが，言語学や英語史の専門的な学者ではない
　筆者によって物語風に書かれた，英語史全般を扱った初級者

向きの入門書である。

・寺澤　盾 (2008)『英語の歴史』中央公論社.
　　英語史を専門とする研究者によって，書かれた英語史の入門
　書であるが，新書版で手軽に読むことができる。初級者向き
　の入門書としては好著である。

・家入葉子 (2007)『ベーシック英語史』ひつじ書房.
　　短縮版のテキストサイズからなる，英語史の初級者からの教
　科書であるが，英語の歴史全般がコンパクトにまとめられて
　いて便利である。

参 考 文 献

I. 和書

荒木一雄（1987）「歴史言語学から見た生成音韻論」『月刊言語』12 月号，141–145.

荒木一雄（1998）「英語の発音の変化」『英語専攻会報』第 21 号，1–10，長野県短期大学.

堀田隆一（2011）『英語史で解きほぐす英語の誤解』中央大学出版会，東京.

藤田優理子（訳）（2009）『ルーン文字』創元社，東京.

家入葉子（2007）『ベーシック英語史』ひつじ書房，東京.

今里智晃（2015）「英語の語彙に隠された意味と形」『ミスコミュニケーション：言語学徒・英語学徒が語る』，山田純・吉田光演（編），丸善出版，東京.

稲村松雄（1984）『青表紙の奇蹟』桐原書店，東京.

伊藤克敏他（2003）『英文学と英語学の世界』お茶の水書房，東京.

岩崎春雄（1979）『英語史』慶応通信，東京.

城生伯太郎（1992）『ことばの未来学』講談社，東京.

加藤隆（1999）『新訳聖書はなぜギリシャ語で書かれたか』大修館書店，東京.

小島義郎（1999）『英語辞書の変遷』研究社，東京.

松浪有（編）（1986）『英語史』大修館書店，東京.

三川基好（訳）（2008）『英語の冒険』東京：講談社．［原書：Bragg, M. (2003) *The Adventure of English*, London: A Hodder & Stoughton Book, London.］

森田義彦（2013）『聖書英語の研究』英宝社，東京.

中尾俊夫（1989）『英語の歴史』講談社，東京.

中尾俊夫・児馬修（1990）『歴史的にさぐる現代の英文法』大修館書店，東京.

永嶋大典（1985）『英米の辞書案内』大修館書店，東京.

永野芳郎 (1982)『英語学から英文学へ』英宝社，東京.

西原哲雄他 (2014)『現代言語理論の概説』鷹書房弓プレス，東京.

大塚高信 (1952)『シェイクスピアの筆跡の研究』篠崎書林，東京.

佐々木達 (1966)『言語の諸相』三省堂，東京.

鈴木主悦 (訳) (2006)『博士と狂人』早川書房，東京.

竹林滋他 (1992)『世界の辞書』研究社，東京.

竹内信一 (2009)『英語文化史を知るための 15 章』研究社，東京.

寺澤盾 (2008)『英語の歴史』中央公論社，東京.

安井稔・久保田正人 (2014)『知っておきたい英語の歴史』開拓社，東京.

米倉綽 (編) (2005)『講座『マイ・フェア・レディ』——オードリーと学
ぼう，英語と英国社会——』，英潮社，東京.

II. 洋書

Aronoff, M. and K. Fudeman (2011) *What is Morphology*, 2nd ed., Wiley-Blackwell, London.

Baugh, A. and T. Cable (1993) *A History of the English Language*, 4th ed., Routledge, London.

Bragg, M. (2003) *The Adventure of English*, A Hodder & Stoughton Book, London.

Hamaward, Z. (2009) *The Semantics of English Negative Prefixes*, Equinox, London.

Hyman, L. (1975) *Phonology*, Holt Rinehart and Winston, New York.

Kemenade, van A. (1987) *Syntactic Case and Morphological case in the History of English*, Foris, Dordrecht.

Los, B. (2015) *A Historical Syntax of English*, Edinburgh University Press, Edinburgh.

Manova, S. (2015) *Affix Ordering across Languages and Frameworks*, Oxford University Press, Oxford.

McCarthy, J. and A. S. Pronce (1993) "Prosodic Morphology I: Constraint and Satisfaction," ms., University of Massachusetts and Rutgers University.

Plag, I. (1998) *Morphological Productivity: Structural Constraints in English Derivation*, Mouton de Gruter, Berlin.

Prince, A. S. and P. Smolensky (1993) "Optimality Theory: Constraint

Interaction in Generative Grammar," ms., Rutgers University and University of Colorado. [*Optimality Theory* published by Blackwell 2004.]

Saraceni, M. (2015) *World Englishes: A Critical Anakysis*, Blooms-bury, London.

Schmid, H-J. (2005) *English Morphology and Word-Formation*, Erich Schmidt Verlag, Neuburg.

Siegel, D. (1974) *Topics in English Morphology*, Doctoral dissertation, MIT. [Published by Garland, 1979.]

Taylor, J. (2012) *The Mental Corpus*, Oxford University Press, Oxford

Wells, J. (2008) *Longman Pronunciation Dictionary*, Longman, London.

Yip, M. (2014) "Linguistic and Non-Linguistic Identity Effects: Same or Different?" *Identity Relations in Grammar*, ed. by K. Nasukawa and H. van Riemsdijk, 333–340, Mouton de Gruyter, Berlin.

索　引

1. 日本語は五十音順に並べ，英語で始まるものは ABC 順で最後に一括してある。
2. 数字はページ数字を示す。

西原　哲雄（にしはら　てつお）

　甲南大学大学院人文科学研究科　英文学専攻博士課程後期単位取得満期退学。文学修士。元宮城教育大学教授。現在，藍野大学　医療保健学部　教授。

　主要業績：*Issues in Japanese Phonology and Morphology*（共著・共編，Mouton de Gruyter，2001），『音韻理論ハンドブック』（共著・共編，英宝社，2005），『現代形態論の潮流』（共著・共編，くろしお出版，2005），『ことばの仕組み』（共著・共編，金星堂，2005），*Voicing in Japanese*（共著・共編，Mouton de Gruyter，2005），『現代音韻論の論点』（共著・共編，晃学出版，2007），『現代音声学・音韻論の視点』（共著・共編，金星堂，2012），『言語学入門（朝倉日英対照言語学シリーズ第1巻）』（共著・編集，朝倉書店，2012），『朝倉日英対照言語学シリーズ（第1巻―第7巻）』（共同監修，朝倉書店），『文法とは何か』（開拓社，2013），『現代言語理論の概説』（共著，鷹書房弓プレス，2014），『英語の語の仕組みと音韻との関係』（共著，2019），『言語におけるインターフェイス』（共著・共編，2019）［以上，開拓社］，など多数。

ブックレット英語史概説

2021年3月22日　第1版第1刷発行

著作者　　西原哲雄
発行者　　武村哲司
印刷所　　日之出印刷株式会社

発行所　　株式会社　開拓社

〒112-0013　東京都文京区音羽1-22-16
電話　（03）5395-7101（代表）
振替　00160-8-39587
http://www.kaitakusha.co.jp

© 2021 Tetsuo Nishihara　　　　　ISBN978-4-7589-1341-6　C1382